Der Widerspruch des Lebens

Geboren, um zu sterben!

Herstellung und Verlag:
BoD - Books on Demand, Norderstedt
ISBN 978-3-7357-7788-1

Einleitung

Der Autor beschreibt den Widerspruch unseres heutigen Seins, der sich schon im Titel des Buches ausdrückt. Andererseits, bietet er Einblicke in die positiven Perspektiven des Lebens.

Vielen Mitmenschen wird dieses Buch, das durchaus auch humoristische Züge birgt, Anregungen für den niemals endenden Reifungsprozess des Lebens geben. Auch andere Seiten, wie Anreize zu einer anderen, einer neuen Gestaltung der Zukunft, machen das Werk einzigartig.

Ferner ist das Buch eine Aufforderung an unsere Altvorderen und Wissenden, aber auch an alle Menschen dieser Welt, sich umzuorientieren, damit die Lebenden von den Toten sagen können:

Er, Sie, Es hat:

Ein bisschen mehr Leben,

ein bisschen mehr Liebe,

ein bisschen mehr Licht

in unsere Welt gebracht.

In der Gesellschaft, in der einjeder als Arbeitsdrohne dem Geld hinterherrennt, ist kein „Staat" mehr zu machen. Neue Lebensinnovationen braucht diese Welt, damit wir Menschen uns vom „Ich" zum „Wir" entwickeln können. Es lohnt sich Kraft durch Lebensfreude zu gewinnen und zu einer starken Weltgemeinschaft zusammenzuwachsen.

Das Wunder des Lebens

Ein Augenblick

Inneres Leuchten

Berührung zweier Seelen

Lustvolle Vereinigung

Die Suche des Schlüssels

Ein Schloss wird geöffnet

Reifung

Ein erster Atem

Das Glück der Liebe erblüht.

Inhaltsverzeichnis

Vorwort

Dieses Buch richtet sich an Menschen, die gerne über das Leben nachdenken, neugierig und aufgeschlossen sind. Aber auch Fragen nach dem Woher, Wohin und dem Sinn des Lebens haben.

Was ist Leben

Viele kluge Leute haben sich dazu Gedanken gemacht. Ich will es einmal sarkastisch so ausdrücken:

Leben ist die Wartezeit auf den Tod.

Ein erschreckender Gedanke? Nun – wie wäre es, wenn sie dieser Wartezeit etwas Angenehmes entlocken. Wir können nämlich nicht mehr tun, als täglich bewusst zu leben, um vor allem diese wundervolle Welt zu genießen. Schließlich kommen wir Menschen, nicht umsonst, auch neugierig auf diese Welt.

Es macht überhaupt keinen Sinn sich durch Griesgram selbst zu bestrafen. Na ja, wer auf Sadismus steht und dem Schmerz seine Lust abringt vielleicht, aber wer will das schon.

Setzen wir der Hetze und dem Frust ein Ende. Natürlich geht das nicht von heute auf morgen. Aber, wenn wir es uns bewusst machen und möchten, dass es anders werden soll und sogar besser für uns und unsere Lieben wäre, dann sollten wir es tun. Oder? Was hindert uns daran?

Gehen sie vor dem Einschlafen noch mal durch den Tag und überlegen, was schief gelaufen ist. Dann können sie es am nächsten oder übernächsten Tag sicher besser machen. Grenzen sie sich ab und sagen bis hierher und nicht weiter, weil es mir nicht gut tut. So entstehen mit der Zeit Filter, die zum Erfolg führen. Ihre Gedanken werden immer klarer, und die folgenden Tage bringen mehr Licht. Ich jedenfalls wünsche ihnen stets einen genussvollen Tag.

Ein weiterer, nachdenkenswerter Aspekt ist: Wir kommen auf diese Welt, um lebenslang zu lernen. Wenn unsere Zeit angelaufen ist, sind wir reifer und weiser geworden. Aber dann kommt der Zeitpunkt, wo wir hinübertreten.

War also alles umsonst?
Wird es ein Danach geben?
Gibt es vielleicht doch einen Plan der Natur?

Wir werden es nicht herausfinden, solange wir auf Erden weilen. Deshalb meine ich, sollten sie die Zeit in Freuden leben und jeden Tag so begrüßen, als sei es der Letzte!

Weshalb habe ich dieses Buch geschrieben?
Diese Welt braucht eine Umorientierung. Heute ist sie ein Ort in dem viele „Kindsköpfe" ihre Gärten pflegen. Das System ist uralt und basiert darauf, dass es Obere und Untere gibt. Das führt dazu, dass es wenigen gut geht und viele Not leiden. Das muss ein Ende haben. Es ist ein Unding, wenn immer noch Knechtschaft die Welt regiert. Die Frage ist doch: Wann entwickeln wir uns endlich vom „Neandertaler" zum wirklich erwachsenen Menschen.

Aus meiner Sicht ist also diese Welt in keinen Stücken erwachsen. Aber ich sehe Chancen auf Besserung, um einem möglichen Untergang der Menschheit zu entgehen. Es geht nämlich **nicht** darum, wer das größte Haus, Auto oder sonst was hat. Es geht darum zu einer Weltgemeinschaft zusammenzuwachsen. Wenn ich sage: „Machen wir aus der Hölle ein Paradies" sagen sie dann: „Wieder so ein Spinner" oder werden Sie mir gedanklich folgen? Ich sehe eine große Chance im Thema:

*Wie kommen wir Menschen vom **Ich** zum **Wir?***

Wir hängen auf einer großen, runden Kugel zusammen und wissen nicht, warum. Wir werden es auch nicht so schnell erfahren. Es wäre doch schön daran zu arbeiten, wie wir besser miteinander auskommen oder? Dies kann nur geschehen, wenn mehr Bildung allen Menschen zugänglich wird, damit Konflikte ordentlich zu lösen sind. Wissenden kann man nicht so schnell etwas vormachen. Kenntnis hat dann den Vorteil, dass man den Verstand besser gebrauchen kann oder anders herum Wissen ist der Schlüssel zum Verstand.

Fangen wir an - jeder für sich, im eigenen Umfeld Konflikte zu lösen, um damit in eine Harmonie des „Wir" zu gelangen. Damit ist der Same in eine neue, bessere Zukunft und Möglichkeit für uns alle gesät.

Wissen ist Macht – Nichtwissen macht nichts!

Wem gehört die Welt !? Niemandem oder !? Bis jetzt hat sich noch kein Besitzer gemeldet. Also folgt daraus, dass unsere Erde erst einmal uns allen gehört – so einfach. Alle haben jedes Recht der Welt diese Erde zu nutzen. Jeder hat deshalb ein Mitspracherecht, wenn es um die Verteilung, Nutzung, Umwelt oder jedes andere Thema geht. Damit das aber in der Gemeinschaft geordnet funktioniert, muss es Regeln geben. Wir reden daher von Demokratie – die im Moment beste Form der Lebensgemeinschaft eines Volkes. Dies reicht jedoch nicht für eine starke Weltgemeinschaft.

Es bleibt noch viel zu tun. Solange es Geheimniskrämereien gibt, und unsere Volksvertreter es mit der Ehrlichkeit nicht so genau nehmen, gibt es genug, für jeden von uns, dagegen etwas zu tun.

*Deshalb sage ich ihnen: „**Keine Geheimnisse mehr!**"*

Aufrichtigkeit, Anständigkeit, Ehrlichkeit und viele andere Werte sind der Garant für ein gutes, geordnetes Leben in der Gemeinschaft. Anders kann es nicht besser werden!

Nun folgt mein Buch – seien sie neugierig.

Kapitel 1 Entwicklungsschritte zum Ich

Die Geburt

Da bin ich nun! Dem einengenden Körper meiner Mutter entronnen. Ein erstes Fühlen, der Blick meiner Mutter, das freudige Ereignis, sich widerspiegelnd in ihren Augen, lenkt mich von den Gefühlen meiner noch niederen Instinkte, zu den ihren, und die Wärme ihrer ersten Berührung lässt mich, die Strapazen der unbarmherzigen Niederkunft fast vergessen

Hätten die Ärzte nicht mehr aus meiner Geburt machen können? Ist das Wunder des Lebens nicht wert, alles dafür zu tun, damit wir Babys die unendliche Freude von Anfang an spüren können, welche die Lust aufs Leben macht. Welches ist die Beste Geburtsmethode? Nun, ich fang' ja erst an zu lernen. Es gibt Licht und Schatten. Ich begreife schnell - spätestens als das Licht ausgeht, und ich meine ersten Entdeckungen auf unbestimmte Zeit verschieben muss.

Meine ersten Tage verbringe ich mit Trinken und Schlafen. Wen wundert das auch, da das Nuckeln am Busen der Natur, (und ich sage euch: "Was für ein Busen!"), ungemein angenehm, aber auch anstrengend ist.

Dann kam der erste Umbruch, und damit lernte ich mein Zuhause kennen. Von meiner Mutter umsorgt, da mein Vater sich um den schnöden Mammon kümmern muss, habe ich mich nun an eine neue Umgebung zu gewöhnen. Schon die zweite Änderung in meinem Leben. Ich frage mich, ob das wohl zur Dauereinrichtung wird?

Na ja, vorläufig bleibt mein Thema die Ernährung. Im ersten „Run" war es ja die Brust und als ich die satt hatte, habe ich einfach reingebissen, Kinder das hilft. Jetzt bin ich beim ersten Brei und das macht auch mehr Spaß, da ich nicht nur meinen Mund, sondern auch meine Hände einsetzen kann.

Meinem Vater habe ich erst neulich gezeigt, was eine Harke ist und habe mich, mit einer Breischleuderei seinem Stoppelbart erwehrt. Langsam lerne ich mich schon durchzusetzen. Meine Instinkte treten jetzt mehr und mehr in den Hin-

tergrund, da ich mit meinem eigenen Willen zu spielen lerne.

Mama und Papa spuren schon ganz schön, nur wenn ich
den Bogen noch nicht so ganz raus habe und sie auf meine
wütenden Reaktionen nur mitleidig fragend sagen: "Was hat
das Kind nur wieder?", läuft bei mir die Galle über und der
erstbeste Gegenstand fliegt durch die Luft, oder aber meine
Fäuste machen ordentlichen Eindruck auf sie. Den kontern-
den Klaps auf den Po stecke ich dann lässig weg.

Die Zeit der Anfangsphase war also geprägt von Schlafen -
Trinken, Trinken - Schlafen. Ab und zu, mal mehr mal weniger, meldete ich mich durch Schreien, um die vermisste Für-
sorge meiner Eltern anzumahnen. Richtig dankbar hingegen
zeigte ich mich stets, wenn mir liebevolle Zuneigung ange-
diehen wurde, und ich durch meine strahlenden Augen und
manchmal auch mit meinem quieksenden Lachen, Freude
zurückschenken konnte.

Die Kindheit

In der Zwischenzeit bin ich herangewachsen und habe im
stattlichen Alter von einem Jahr und drei Monaten das Lau-
fen gelernt. Erst jetzt habe ich gemerkt welche vielfältigen
Möglichkeiten mir damit zur Verfügung stehen. Meine Sinne
sind nun komplett in Anwendung - auch kann ich leidliche
Sprecherfolge vermelden.

Mir wird nun viel klarer, was es heißt, ein Mensch zu sein,
wenn ich auf meine täglichen Entdeckungsreisen gehe. Das
Geben und Nehmen wird zu meinem täglichen Geschäft.
Aber offengestanden macht mir das Nehmen viel mehr

Spaß. Meine Eltern nennen mich deshalb öfter einen kleinen Egoisten. Was soll's! Ich bin mit mir sehr, sehr zufrieden.

Nun, das Rad der Zeit dreht sich weiter. Ich wachse und werde älter. Eigentlich nehme ich das nicht so wahr. Zeit hat noch keine allzu große Bedeutung für mich - vielleicht, wenn ich müde bin, oder mir die Langeweile zu schaffen macht. Sonst beschäftige ich mich mit meinem Umfeld, lerne die Wohnung kennen, ziehe an Schubladen oder räume Tische und Bänke ab. Kurzum ich lerne meine Fähigkeiten weiter auszubauen, Spitze! Oder was?

Mit meinen Eltern habe ich auch Glück gehabt. Sie kümmern sich im Grunde rührend um mich. Bei den Nachbarn sieht das schon ganz anders aus. Da gibt es öfter mal Zoff. Ich klammere mich dann an den Rockzipfel meiner Mama, wenn das Getose auf der anderen Seite allzu schlimm wird. Das Spielen mit meinem Flurnachbarn ist wohl deshalb auch gestört. Ab und zu nimmt er mir meine Sachen weg, zerstört meine Bauwerke oder kneift mich, im Falle von zuviel Nähe. Ich bleibe dann schon mal ruhig und ziehe mich zurück. Der Satz: Der Klügere gibt nach! war mir damals zwar noch nicht geläufig, aber vielleicht gibt es ja Menschen mit einer Gehirnwindung mehr. Oder?, haha. Apropos: Werde ich nun ein anständigerer Mensch, da meine elterlichen Voraussetzungen „besser" sind?

Ich muss einfach über diese Zusammenhänge mal nachdenken. Grundsätzlich gehts mir gut, da ich mich meistens wohlfühle. Aber welche Sinne sind eigentlich beim Wohlfühlen angesprochen? Ich fange an in mir nachzuspüren und versuche, mein allgemeines Empfinden zu analysieren, um der Sache auf den Grund zu gehen. Da ist die Nähe meiner Mutter. Sie ist stets für mich da, wenn ich sie brauche. Sie spendet mir Wärme, liebevolle Zuneigung, Geborgenheit, sodass ich in der Lage bin, ein Urvertrauen zu ihr aufzubauen. Dieses Vertrauen wird nicht durch Ihre liebevolle Strenge gebrochen, nein, vielmehr wächst es, da ich klare Grenzen kennenlerne.

Meinen Vater habe ich nicht so vollkommen verinnerlicht. Er ist tagsüber unterwegs und kommt erst spät heim. Aber ich freue mich auf Ihn, und wenn wir beim abendlichen Essen zusammensitzen, geht es mir gut. Er versucht seine Abwesenheit auszugleichen, in dem er sich halt abends um mich kümmert. Aber am meisten Freude macht mir Opa, wenn er mich ins Bett bringt und ich eine Gutenachtgeschichte wählen darf. Er erfindet dann die tollsten Märchen, die mich durch die ganze Welt seiner und meiner Phantasie führen.

Ich denke, dass sich meine Eltern, von Anfang an in der Erziehung abgesprochen haben. Beide ziehen am selben Strang und geben mir Klarheit. Doch zurück zu meinen Gefühlen. Mir leuchtet ein, dass mich meine Eltern durch ihre Erziehung konditionieren. Sie leben mir Ihre Welt vor, und ich habe dadurch die Möglichkeit von ihnen zu lernen. Ich frage mich, inwieweit sie mich beeinflussen und in welchem Umfang meine Erbanlagen zum Tragen kommen.

Auf jeden Fall, lasst euch das gesagt sein, liebe Eltern, die ersten 6 Jahre unseres Kinderlebens sind am Wichtigsten. Hier wird der Grundstock für das eigentliche Leben, nämlich unseres Erwachsenenwerdens gelegt. Nun, da ich noch

nicht so weit bin, wenden wir uns wieder meinem Heranwachsen zu.

Im Moment genieße ich diese Zeit. Zeit, was ist das eigentlich? Existiert sie im Raum zwischen Vergangenheit und
Zukunft? Auf jeden Fall ist es eine Sache, die mit meinem
Älterwerden zusammenhängt. Ich finde das sehr interessant, weil ich es gar nicht abwarten kann, älter zu werden,
um die Freiräume der Erwachsenen zu genießen. Doch
noch ist es nicht soweit. Schließlich befinde ich mich noch
im Aufbau. Jede Phase hat ihre Reize, und die sollte man
ausleben.

Irgendwie ist das Leben schon komisch, ein Gegensinn in
sich. Am Ende werde ich feststellen, dass der Tod mich her-
überholt, und ich den Gedanken erfasse, dass die Zeit still
steht. Zukunft, Vergangenheit und Gegenwart werden dann
auf ein und denselben Zeitpunkt fallen. Ich schweife ab. Ihr
denkt doch nicht etwa, dass ich ganz schön altklug daher
rede. Oder?

Ich habe den Drang alles auszuprobieren, was mir wiederum hilft, tiefe Einsichten in die Dinge des Lebens zu gewinnen. Mein Kinderzimmer ist gefüllt mit Spielsachen und die
lieben Verwandten lassen es sich nicht nehmen, mir öfter
mal eine Freude zu machen. Manchmal frage ich mich, was
ich mit dem vielen Zeug anfangen soll. Spiele ich mit dem
Einen, bekomme ich Lust auf das Andere und ich stelle fest,
dass mir der Krempel über den Kopf wächst. Ständig muss
ich mein Zimmer aufräumen. Das macht nun gar keinen
Spaß. Langsam fange ich an, selber etwas auf die Beine zu
stellen, da Bastelarbeiten mehr Vergnügen bereiten. Gelernt

habe ich das durch meine Mutter. Auch mein Vater hat mitgemacht, als in der Vorweihnachtszeit unsere Wohnung mit allerlei Sternen, Tannenzweigen und Holzfiguren geschmückt wurde.

Ich werde kreativ. Nichts kann mich darin hindern. Alles muss untersucht werden, um zu erfahren was dahinter steckt. Neulich hat mir meine Tante ihren Wecker zur Reparatur gegeben – meine erste richtige Aufgabe. Ihr werdet es nicht glauben – da war doch ein Wollfussel drin! Wer hat den wohl da rein getan? Einfach komisch.

Ein Glück, dass ich diesen Weg für mich entdeckt habe. Basteln reißt mich aus dem Einerlei meines Heranwachsens. Allerdings haben meine Eltern damit manchmal Probleme. Die waren nämlich ganz schön sauer, weil ich den Klebstoff im ganzen Zimmer verteilt hatte.

Der Ernst des Lebens beginnt

Es wird Zeit einen weiteren Schritt zu tun. Ich komme in die Schule. Der Anfang war nicht schlecht. Meine Schultüte war gefüllt mit den schönsten Leckereien und meine Klassenkammeraden waren alle sehr nett.

In den nächsten Tagen bekam ich jedoch meine erste Lektion. Mein Lehrer war so gar nicht mit meinem Auto im Unterricht einverstanden, da ich dabei war ihm die Show zu stehlen. Beleidigt musste ich den Flitzer, zum Bedauern meines Mitschülers, wieder einstecken.

Nun gut. Mit einigen Qualen habe ich gelernt mich unterzuordnen und mich ins System einzupassen. Manchmal jedoch, gehen mit mir alle Pferde durch, und mein Lehrer gibt mir pädagogische Hilfen, um mich zu disziplinieren. In diesen Momenten ziehe ich mich dann in mich selbst zurück und fange an zu träumen. Lange hält diese Zeit nicht an, da immer wieder der Unterricht meine Gedanken stört. So lerne ich eben doch, was die Welt so zu bieten hat.

Die Jugend

Die Zeit der Lausbubenjahre streicht dahin. Die Grundschule liegt nun hinter mir, und ich fange an darüber nachzudenken, was werden wird. Das Lernen war mir nicht allzu schwer gefallen. Der Umgang mit meinen Mitschülern schon mehr. Was von dieser Bande so alles ausgeheckt wurde. Ich hatte manchmal ganz schön zu leiden, wenn ich gehänselt wurde. Der Ratschlag meines Vaters, mich durchzusetzen, hat nicht gerade geholfen, da ich eben ein Weichei war – vielleicht auch, weil ich mehr unter Frauen aufgewachsen bin. Auch mein Klassenlehrer fiel mir in den Rücken. Ich hatte mit schlagenden Argumenten einfach nichts im Sinn. So ging ich oft traurig den Piesackern aus dem Weg - Kinder können so grausam sein.

Zwischengedanken

Was veranlasst Kinder so zu reagieren? Da ist einerseits die Gruppe, die Einzelne ausschließt, und andererseits der Ausgeschlossene. Richtig ist, dass sich Kinder ausprobieren müssen. Hierbei geht es, um die moralischen Stärken und Schwächen. Ja, aber hier fehlen eindeutig schulische Ansätze, um den Heranwachsenden zu zeigen, wie es anders gehen kann. Wie soll es zukünftig besser werden, wenn unseren Halbwüchsigen, bekannte Werkzeuge, vorenthalten werden. Ist es nicht so, dass hier ein Mangel an ethischer, moralischer Bildung vorherrscht? Nämlich, wie gehe ich mit meinem Nächsten um. Wie Kommuniziere ich richtig! Der Volksmund sagt:

Was Du nicht willst, das man dir tu, das füg auch keinem andern zu!

Heute noch wird der Salzstreuer, auch gefüllt mit Bibelsprüchen über unseren Kindern ausgeschüttet – das reicht nicht mehr! Oder?

Was hatte ich in der Schule nun eigentlich gelernt, um mit meinem Leben besser fertig zu werden – nicht viel. Ich wurde lediglich für die Allgemeinbildung geschult. Aber welchen Nutzen hatte ich schon davon? Als Lebenswerkzeuge sind diese Stoffe nicht tauglich - soviel steht fest. Es ist deshalb an der Zeit den schulischen Auftrag zu erweitern. Ein deutliches Zeichen hierfür ist der Begriff: Cybermobbing – surfen sie mal im Internet und machen sich selbst ein Bild von diesem Horror.

Seit der Oberschule hat sich nun das Klassenbild verändert. Alle haben offensichtlich gespürt, dass eine neue Zeit herankommt. Meine Mitschüler verhalten sich ernsthafter. Natürlich gibt es auch hier Lausbuben, und Rangeleien werden altersgemäß ausgetragen.

Die Jahre gehen dahin, und man könnte meinen, dass die Uhr fast stehen geblieben ist. Wieder hat sich in menschlicher Reifung nicht viel ereignet. Nun, vielleicht habe ich jetzt ein bisschen überzogen. Schließlich hat das Älterwerden dennoch einiges bewirkt. Andererseits habe ich die Initiative ergriffen und selbst viel nachgedacht – schon deshalb, weil ich mich manches Mal unverstandengefühlt habe.

Die Sexualität kommt ins Spiel. Da mein Spieltrieb sehr ausgeprägt ist, habe ich diese selbst, beim Berühren meiner Männlichkeit, entdeckt. Ein neuartiges, schönes Gefühl, mit dem Verlangen nach mehr, übermannte mich, als schließlich am Höhepunkt die weiße Glut vulkanartig meinen Körper verlässt. Ein bis dahin nicht gekanntes Glücksgefühl durchströmte mich. Es eröffneten sich mir ungekannte Gefühle, die mir den Hauch der Sehnsucht nach mehr im Leben schenkten.

Der Weg des Erwachsenwerdens

Was fängt man nun mit der Sexualität an. Die Mädels sehen zwar hübsch aus, aber anfassen ist noch nicht. Meine Jagdinstinkte haben sich zwar gemeldet, aber meine Scheu vor dem anderen Geschlecht auch. Also ist erst einmal Abwarten und Träumen angesagt und schließlich: „Selbst ist der Mann!" Na ja, da sind auch noch all die anderen Dinge. Die Schule muss erst einmal fertig gemacht werden, dann steht die Berufswahl an und ach, - das ist ja noch weit weg. Man(n) nölt so vor sich hin. Interessiert sich mal für dies und das, aber schließlich geht es doch um den Kern der Sache: „Junge, wenn du was werden willst musst du dich durchbeißen". Gut reden haben meine Eltern. Was aber möchte ich? - verdammt noch mal.

Ob ich das jemals so genau herausgefunden habe weiß ich immer noch nicht. Auf jeden Fall habe ich eine Ausbildung gemacht und abgeschlossen. Weil es mir als Geselle zu langweilig wurde, immer an der Drehbank zu stehen, bin ich

Studiosus geworden. Eine nicht unschöne Zeit, da ich hier Gelegenheit hatte, aus freizeitlichen Gründen, mich ein wenig mehr der Frauenwelt zu widmen.

Mein Studium endete mit dem Start ins Berufsleben, und wer Geld hat kann auch eine Familie ernähren. Prima endlich erwachsen? Frau, Kind und Arbeit - einfach super!? Millionen Menschen leben so. Ein bisschen viel Verantwortung und nur wenig Vergnügen - spitze. Mensch Junge! Mann! Das ist das Leben! Wau!

Wie Ihr jetzt feststellt habe ich begonnen mal wieder nachzudenken: Ist das nun schon alles?

Zwischengedanken

Wenn das so weitergeht auf dieser Welt, dreh' ich durch! Nein, das ist auch keine Lösung. Wenn man durchdreht, kommt man in die Klapsmühle - und dann? Nein, da schreib' ich lieber dieses Buch, haha.

Lieber Leser,
ich habe den Beginn des Lebens bis zum Erwachsenen, aus der Sicht eines Mannes, Revue passieren lassen. Dies sollte u.a. eine Anregung sein, ihr eigenes Heranwachsen ins Gedächtnis zu rufen. Es ist ein ungewöhnliches Buch - untypisch - so soll es auch sein, dass sich aber weiter zu lesen lohnt. Im Wesentlichen wollte ich auf die Erziehungsfragen und ins besondere auf den, meines Erachtens, dringend überholungsbedürftigen schulischen Auftrag aufmerksam machen.

Kapitel 2 Selbstverständnis

Wege des Lebens

Es gibt sicher viele Möglichkeiten, sein Leben zu meistern. Meiner ist es, das Leben völlig in Frage zu stellen, um aus den Antworten Bausteine für ein besseres Dasein zu entdecken. Denn mit dem, was man allgemein vorfindet, kann man nicht zufrieden sein. Mich jedenfalls, stinkt das Hier und Jetzt an. Es gibt zuviel Leid auf dieser Erde und es kann nicht sein, dass das Wort <u>Leben</u> mit dem Wort <u>Leiden</u> einhergeht. Christus, sagt man, hat sich ja das Kreuz auferlegt, um uns zu erlösen bzw. entlasten. Deshalb kann man das Leben als Bürde nicht hinnehmen.

Ich möchte an dieser Stelle versuchen den Begriff Leben mit meinen Worten zu beschreiben. Menschliches Leben beginnt mit der Geburt und endet mit dem Tod. Was aber macht es aus? Was ist sein Sinn? Können wir das überhaupt in Worte fassen? Und schon wieder Fragen. Ich meine: ja. Wir können das Leben in Worte fassen, wenn auch nur indirekt.

Leben heißt erst einmal geboren sein, um es allmählich zu erfassen. Hierfür hat uns die Natur mit einem Gehirn und den Sinnen ausgestattet. Diese helfen enorm bei der Frage aller Fragen: Wie platziere ich mein „Ich" im „Wir"? „Wir" heißt miteinander zu leben, zu lieben, zu lachen und zu weinen und selbstlos füreinander dazusein. Und dies ohne zu fragen, ob es sich lohnt. Ich möchte das erst einmal so stehen lassen und komme später noch darauf zurück.

Unsere Sinne

Mit Hilfe der Augen nehmen wir bewegliche und unbewegliche Gegenstände wahr. Diese Dinge können in Farben, Formen und Größen unterschieden werden, und wir nehmen eine gewisse Räumlichkeit wahr. Die Ohren sind in der Lage, Geräusche nach Klangfarbe, Tonhöhe und Lautstärke auseinander zu halten. Die Stimme kann unterschiedliche Klänge erzeugen. Mit den Händen, den Füßen und sogar mit dem ganzen Körper können wir Gegenstände fühlen, greifen und mit der Haut, Kälte und Wärme unterscheiden. Der Mund kann dies auch, aber er hebt sich durch das Erkennen von Geschmack hervor. Die Nase kann Düfte erfassen. Wir haben also 6 Sensoren, die **Nase,** die riecht, die **Augen,** die sehen, der **Mund,** der schmeckt, die **Ohren,** die hören, die **Haut,** die Temperatur spürt bzw. die **Tastorgane**, wie Hände und Füße, die fühlen. Also, anders ausgedrückt haben wir 6 Sinne.

Den 7. Sinn sehe ich in der Kombination aller 6 Sinne durch unser Gehirn bzw. dem Denken. Hier kann der Begriff: Instinkt helfen, den 7. Sinn zu verstehen. Wir sind durch unseren Instinkt in der Lage, Dinge, Situationen intuitiv wahrzunehmen, also von innen heraus, ohne einen bewussten Gedankengang. Hier möchte ich auch den Begriff der Seele ins Spiel bringen.

Unsere Seele

Was ist die Seele? - Viele fragen, und niemand antwortet. Nun, für mich sehe ich die Welt erst einmal weniger spirituell, als vielmehr physikalisch/technisch. Diese Sichtweise bietet eine gute Vereinfachung uns selbst besser zu verstehen und ich behaupte, dass der technikorientierte Mensch einen größeren Hang zum Realismus entwickelt hat, als künstlerisch orientierte Menschen.

Wenn wir geboren werden, sind wir jungfräulich auf dieser Welt erschienen. Das soll heißen, dass wir aufgrund unserer Erbanlagen die erwähnten Sinne in die Wiege gelegt bekommen haben, um zu überleben - mehr nicht. Niemand wird wissend geboren, niemand kommt mit dem „Brockhaus" auf die Welt. Die Natur hat uns zusätzlich mit besonderen Urinstinkten ausgestattet, die uns in den ersten Monaten ermöglichen z.B.: durch Schreien, den Eltern unsere Bedürfnisse mitzuteilen.

Während unseres Reifungsprozesses entwickeln wir allmählich unser Bewusstsein, da unser Superhirn nicht nur biologische Grundfunktionen steuern kann, sondern insbesondere einen persönlichen "Raum" zur Verfügung stellt, in dem das eigene Erleben gespeichert wird.

Wir alle kennen den Computer und ich sehe hierin einen guten Vergleich, zumal wir Menschen schon am Bio-Computer arbeiten. Interessant ist hierbei, dass wir den inneren Drang verspüren, unser Sein zu erkennen und die Frage nach dem Woher und Wohin durch den eigenen Nachbau zu lösen suchen. Dieser persönliche Raum spielt überhaupt die wichtigste Rolle in unserem Leben. Er ermöglicht uns, zu denken, auch zu träumen, Denken in Handeln umzusetzen und miteinander zu kommunizieren. Dieses Wort habe ich gewählt, weil Kommunikation mehr als Reden ist und unsere Körpersprache mit einschließt. Trotzdem möchte ich hier das gesprochene Wort hervorheben, das eine der wichtigsten Rollen im Leben übernimmt - wenn nicht die Wichtigste. Erst mit Worten sind wir in der Lage, Dinge, Gefühle zu beschreiben und eigenverarbeitet wiederzugeben.

Wir können mit Worten alles ausdrücken, was uns bewegt: jegliche Wahrnehmungen um uns herum, unsere Gedanken und Ideen und diese durch Sprache weiterleiten. Durch diese Verknüpfungen von Worten, Sinnen und Instinkten in unserem persönlichen Biospeicher sind wir, jeder von uns, in der Lage, logische oder unlogische Erfahrungen zu sammeln, zu erinnern, zu bewerten und wiederzugeben.

Unser Charakter

In diesem Zusammenhang kommt ein weiteres Bindeglied zur Beschreibung unserer Seele ins Spiel: der Charakter. Stellen wir uns einmal vor, unser Gehirn hat ähnlich einem Computer mannigfache Bücherregale mit unterschiedlichen Schubladen und Bereichen. Da gibt es Fächer für Bilder, Wörter, Erfahrungen usw. Die Art der Speicherung dürfte bei uns allen ziemlich gleich sein, aber die Art, diese Daten auszuwerten, obliegt unserem Charakter. Was ich meine, ist, dass jemand, der zum Beispiel Kindergeschrei als störend wahrnimmt, deshalb wütend ans Fenster geht und die Kinder zur Ruhe ermahnt. Im Gegensatz ein anderer das Fenster aufmacht, an seine Jugend denkt und sich darüber freut.

Beschreibung des Ich

Unser Denkapparat ist also die Schaltzentrale unserer Existenz, unseres eigenen Ichs. Dem Sein durch die Geburt und unserem, Schritt für Schritt, selbst entwickelten Ich, das unserem Leben einen besonderen Sinn gibt. Dadurch unterscheiden wir uns: „Gott sei Dank!" voneinander, sodass es wohl keinen Menschen zweimal auf dieser Welt gibt.

Wir haben also nicht nur die Instinkte zu unserer Verfügung, sondern können auch frei über uns bestimmen, wenn wir dies zulassen und wollen. Jeder von uns ist nicht nur in der Lage, die Dinge des täglichen Lebens und Überlebens zu bewältigen, sondern darüber hinaus selbst zu entscheiden, über das „Wie" des eigenen Erlebens, auch mit anderen.

Jeder hat des Weiteren - durch die ihm eigenen Erlebnisse - mit Hilfe seines Charakters mehr oder weniger erlernte Filter aufgebaut. Diese Filter ermöglichen es uns Erfahrungen auszuwerten oder abzuspeichern, um diese bestmöglich ertragbar zu machen. Diese Filter, nach meinem Dafürhalten, ermöglichen erst die unterschiedlichen Empfindungen und machen diese individuell. Denn unser Gehirn entscheidet instinktiv, je nach unserer eigenen Erkenntnis und unserem eigenen Willen, welcher Filter aktiviert wird und beeinflusst damit, ob wir Glück oder Trauer empfinden. Den Beweis dafür sehe ich in der Psychologie, die uns in die Lage versetzt, quälende Erfahrungen anders sehen und zu bewerten lehrt, um damit dauerhaft unsere Empfindungen ändern zu können. Wie anders sollte das wohl funktionieren, wenn man nicht die eigenen Gedanken, symbolisch unseren Regalen und Schubladen, neu zuordnen könnte.

Hierbei steht uns eine unendliche Vielfalt von Möglichkeiten offen, unser Leben mit Hilfe unseres Bewusstseins, Themen durch Gefühlsbetontheit oder Sachbezogenheit zu interpretieren und situationsbezogen dem einen oder anderen mehr Gewicht zu geben, beziehungsweise beides zu kombinieren.

Unsere Gefühle

Die Welt der Gefühle bietet uns einzigartige Möglichkeiten. Wir können uns Dinge in Bruchteilen von Sekunden bewusst machen, sie erfassen oder wiedergeben. Denken wir hier auch an künstlerisches Gestalten, dem Sinnesrausch in einem Konzert oder an den Genuss eines fantastischen Essens.

Warum können wir das? Wir haben die Veranlagung Dinge instinktiv zu begreifen. Aber nicht nur die Instinkte sind hier angesprochen, denn wir haben während unseres Lebens viele Situationen erlebt und bewertet. Dadurch können wir auf einen Erfahrungsschatz zurückgreifen, der sich mit den Instinkten vermischt ausdrückt. Das heißt, wir haben Dinge bewusst, mit viel Mühe verarbeitet und greifen nun auf eine essentielle Datenbasis zurück, also den Kern einer Sachlage. Unser Gehirn hat diese Dinge in seiner Einzigartigkeit hoch effizient verarbeitet und effektiv in Bildern und Worten gespeichert.

Unsere Sachbezogenheit

Besprechen wir an dieser Stelle unsere Sachbezogenheit. Hier meine ich, sich jedes Erleben erst einmal bewusst zu machen und zu durchdenken, bevor man es für gut, schlecht oder auch mittelmäßig hält. Jeder Denkvorgang jedoch benötigt Zeit und Mühe und damit Energieaufwand. Gedanken können uns sogar belasten, wenn wir aufgrund mangelnder Erfahrung etwas neu Erlebtes nicht sofort bewerten können, also nicht wissen, was wir spontan tun sollen, um das Erlebte einordnen zu können. Für eine Lösung sind Gespräche mit anderen sinnvoll, um sich solchen Themen auseinanderzusetzen, was zu einem guten Ergebnis führen kann. Eine weitere, automatische Möglichkeit der Verarbeitung, bietet uns unser Gehirn mit dem Träumen an.

Unsere Träume

Oftmals träumen wir über ein Erlebnis, das wir nicht lösen konnten, und uns somit negativ belastet. Aber ein weiterer Umstand hilft uns hier: nämlich unser Superhirn, wenn es in der Nacht zu träumen beginnt und den Datenmüll beleuchtet und den Versuch startet, eine instinktive Lösung zu erzielen. Das geschieht nun meistens völlig unbemerkt, weil wir ja in Abrahams Schoß liegen.

Wir haben es alle schon erlebt, wie Dinge, wenn wir eine Nacht darüber geschlafen haben, sich für uns, durch den richtigen Gedanken am Morgen danach, lösen oder im Datenmüll landen. Sicherlich, gibt es auch schwerwiegende Erlebnisse, die zu Alpträumen führen, bei denen wir schweißgebadet und völlig „durch den Wind" erwachen. Hier erleben wir, wie selbst der Traum so schnell kein Ergebnis erzielen kann. Es braucht einfach Zeit, um gelöst zu werden. Solche Alpträume zeigen, dass wir nicht genügend Erfahrungen gesammelt haben, um diese Probleme enträtseln zu können. Hierbei empfinden wir Ängste über das Unbekannte, weil wir es selbst nicht entschlüsseln können. Vermögen wir dieses Problem, über längere Zeit, nicht einzuordnen bzw. zu filtern, in dem wir uns gedanklich abgrenzen oder es als nichtig erachten, kann uns dieses Problem regelrecht krank machen. Das heißt mit anderen Worten: wir fühlen uns nicht gut, und dieses Gefühl kann sogar unser vegetatives Nervensystem angreifen und somit körperliche Symptome hervorrufen - bis hin zur ernsthaften Erkrankung. Unser Gehirn ist einfach überlastet. Je früher wir das erkennen, desto eher können und sollten wir uns Hilfe holen.

Natürlich gibt es, wie immer im Leben, unendlich viele Zwischenzustände, die ich aber zur Vereinfachung nicht alle beleuchten will. Nichtsdestotrotz verarbeiten wir auch den Alltag in unseren Träumen.

Miteinander

Ich möchte die Einzigartigkeit unseres Seins, unseres Sinnerkennens hier auf dieser Erde festhalten. Wir haben damit die Gabe, die es uns ermöglicht, in unfassbarer Vielfalt uns und unsere Welt zu erfahren. Das kann nie langweilig werden. Es sei denn, ihr kleinen Schelme habt euch selbst in den Sinnen beschnitten, eure Wahrnehmungsfähigkeit getrübt und zieht es vor, im Drogenrausch zu leben.

Wunder des Lebens

Die Entstehung des Lebens ist ein zurzeit nicht vorstellbarer Vorgang und geschieht dennoch. Nackte Materie wird konfiguriert, zum eigenständigen Leben erweckt und nicht nur das. Aus einer winzigen weiblichen Eizelle mit einem kleinen Lebensschloss und der männlichen Samenzelle mit einem winzigen Lebensschlüssel darin, erwächst, nach deren Vereinigung, ein daraus geplantes Wunder – durch wen oder was? – wir wissen es nicht.

Was immer sich aus dem Mysterium entwickelt: Im Fall des Menschen kommt außerdem hinzu, dass er seinen Geist frei entfalten kann. Allein wir Menschen sind es, hier auf Erden, welche unendliche Möglichkeiten der Lebensentfaltung in uns tragen.

Ich möchte dies, an dieser Stelle, mit ihnen gemeinsam festhalten. Werden sie sich bewusst, dass sie selbst dieses Wunder sind. Sind sie erfüllt von ihrem persönlichen Sein und haben sie begriffen: dann nutzen sie ihre vollen Fähigkeiten.

Der Kern des Lebens

Unser Leben, ist natürlicherweise, erst einmal darauf angelegt, zu überleben. Jeder für sich allein versucht instinktiv, so gut es geht, das Beste daraus zu machen. Durch die natürliche Auslese stellen wir fest, dass meist der Stärkste überlebt. Wobei ich hier die Stärke, gerade heute, als geistige Stärke verstanden wissen will.

Anmerkung
Ich habe dieses Buch sehr knapp geschrieben und es macht vermutlich manches Mal Mühe mir zu folgen. Legen Sie es ruhig einmal beiseite, und lesen es später weiter. Es gibt noch viel Positives zu entdecken.

Rückblick ins Paradies

Als "Adam und Eva" im Paradies geboren wurden, waren sie zu zweit allein. Mit der Entdeckung ihrer Triebe, dem angeblichen Sündenfall, änderte sich ihr Leben dramatisch. Die Menschheit begann sich mehr und mehr zu entwickeln und auszubreiten – eine symbolische Geschichte.

Ich möchte darauf hinaus, dass unser Planet am Anfang nicht überbevölkert war und das es keine größeren Kommunikationsprobleme auf dieser Welt geben konnte, denn wo wenige Menschen leben, gibt es als Umkehrschluss auch nur wenige zwischenmenschliche Probleme. Es geht mir hierbei um die rivalisierenden Gruppenkonflikte, die den Aspekt eines Krieges ins Bild rücken.

Warum, um Himmels willen, gibt es tödliche Sehnsüchte auf dieser Welt!? Nun, wir sind erst einmal so angelegt, dass jeder von uns überleben will, und dies möglichst leicht erfolgen soll. Wir sind aber auch so gestaltet, dass wir mal gerne einem Leithammel folgen, weil es für viele einfacher ist, sich führen zu lassen, – denn Denken liegt uns gar nicht so. Meint ein „Kamel" nun, dass das Überleben einfacher ist, indem man anderen das Erreichte wegnimmt, kann dies zu Mord und Todschlag führen. Ich will auch sagen, dass Gut und Böse dicht nebeneinander liegen.

Einige Menschen werden sogar süchtig nach der Macht andere zu leiten bzw. manipulieren zu können oder als Gedankenspiel gottgleich über ihre Mitmenschen zu herrschen. Das kann man ruhig geistigen Kannibalismus nennen.

An dieser Stelle möchte ich auf die Frage nach dem Gut oder Böse näher eingehen. Wer sagt denn, dass es böse ist meinen Nachbarn zu erschlagen, wenn es doch einfacher ist, auf diese Weise zu überleben. Das ist doch der Sinn des Lebens, oder? Nun, wenn wir mal in uns hinein horchen und feststellen, dass es vielleicht einen Nachbarn gibt, der uns gerne erschlagen möchte, stellen wir nach einigen gedanklichen Auseinandersetzungen fest, dass der Volksmund uns eine Lösung anbietet:

Was du nicht willst, dass man dir tu, das füg auch keinem anderen zu!

Und wiederum gibt es einige, die unbedingt über die Stränge schlagen müssen. Doch das nebenbei.

Es geht im Leben also nicht nur darum falsch verstandene Gefühle auszuleben, sondern mit Hilfe des Denkens ein besseres, schmerzloseres Miteinander zu ermöglichen. Hier geht es klar um die Strategie des lebenserhaltenden Miteinanders.

Als vereinfachtes Beispiel hier mal die „größeren Mohrrüben" unseres Nachbarn. Wenn wir ein karges Feld haben und uns kaum ernähren können, sollten wir unseren Nachbarn ansprechen und ihm klarmachen, dass wir selbst mit schwerster Arbeit keine Lösung für unser Problem haben.

Bitten wir ihn also um Verständnis für unsere Lage und bieten ihm an, für ihn zu arbeiten, um ihm und uns das Leben leichter zu machen, und so auch an ausreichend Nahrung zu kommen.

Wie wird der Nachbar hier wohl entscheiden? Hat er im Überfluss, wird es ihm leichtfallen abzugeben und gleichfalls die Arbeitsentlastung annehmen. Meint er nicht genug zu haben, wird er uns dies klarmachen, sodass wir gezwungen sind alternative Lösungen zu suchen. Lebt er jedoch im Glauben: „Geben ist seliger als Nehmen", wird er einlenken und mit uns teilen. Wie sehen sie das?

Hier wollte ich deutlich machen, dass das Leben besser funktioniert, wenn wir sowohl den Verstand, als auch unser gutes Herz einsetzen, um somit vom „Ich" zum „Wir" zu gelangen. Doch das will ich später weiterdiskutieren.

Jetzt möchte ich den Bereich Selbstverständnis verlassen. Bisher habe ich versucht, bei ihnen Verständnis für das eigene Ich und dem damit verbundenen Sein zu vermitteln. Gerne sollen sie diese Sichtweisen durch eigene Gedanken ergänzen und verbessern, in dem nie endenden Reifungsprozess des Lebens.

Kapitel 3 Probleme unserer heutigen Welt

Zuwachs der Weltbevölkerung:

pro Jahr:	80.000.000	Menschen
pro Monat:	6.666.667	Menschen
pro Woche:	1.538.462	Menschen
pro Tag:	219.178	Menschen
pro Stunde:	9.132	Menschen
pro Minute:	152	Menschen
pro Sekunde:	2,5	Menschen

Sterberate der Weltbevölkerung:

pro Jahr:	56.000.000	Menschen
pro Monat:	4.666.667	Menschen
pro Woche:	1.076.923	Menschen
pro Tag:	153.425	Menschen
pro Stunde:	6.393	Menschen
pro Minute:	107	Menschen
pro Sekunde:	1,8	Menschen

(Internet Recherche)

Wir sind Viele!

Das wir Viele sind, dürfte jedem klar sein. Mit jedem Menschen, der auf diese Welt kommt, werden wir mehr und mit jedem Menschen, der hinübergeht einer weniger. Solange die Menschheit immer noch wächst, weil mehr geboren werden als Menschen gehen, bedeutet das ein stetes Mehr an benötigten Ressourcen. Das sind im Kern Fläche, Nahrung und emotional gesehen ein Mehr an Problemen und ein Mehr an Kreativität.

Im Jahr 2014 sind **7.200.000.000** Menschen auf unserer Erde, und es werden immer mehr!

Sind wir zu viele?

Es ist sinnvoll, einer Überbevölkerung entgegenzuwirken. Tun wir das nicht, werden unsere Ressourcen schließlich so knapp, dass wir alle anfangen zu hungern. Als Folge benimmt sich der Mensch wie ein Tier und versucht mit allen Mitteln, satt zu werden. Aus Leben wird Überleben. Haben schließlich die Meisten nichts mehr zu essen, wird diese Gruppe müde, zu kämpfen. Krankheiten, Seuchen sind die Folge eines gebeutelten Immunsystems. Wir erkennen daraus, dass es entscheidend ist, sich so gesund zu ernähren, dass wir Zeit und Muße für Gedanken und damit Kreativität haben – für ein liebevolleres Miteinander, dem „Wir".

Mit einer Überbevölkerung ist also keinem Menschen gedient. Ohne ein bisschen Lebensqualität ist das Leben ein Vegetieren, und das kann ein Gott nicht gewollt haben. Wenn er uns nach seinem Bilde schuf, wie es in der Bibel steht, hat er gewollt, dass der Mensch seine vielfältigen

Möglichkeiten nutzt und das kann er nur, wenn er satt ist. Schon der Volksmund sagt:

Ein hungriger Magen denkt nicht gern!

Als Erste haben das die Chinesen erkannt und sinnvollerweise die 1-Kind-Ehe gegen den Willen ihrer Bevölkerung durchgesetzt. Welche Position hat der Papst hierzu? Nun, er verbietet Verhütungsmittel. Durchdenken wir einmal dazu die Konsequenz der Konsequenz: Wenn wirklich alle Katholiken nicht verhüten würden, hätten viele schließlich 6, 8, 10 oder mehr Kinder, und die Kirche würde sagen, sie wären mit diesen gesegnet. In der heutigen Zeit hätten solche Familien nicht genug zu essen und zuwenig wirtschaftliche Mittel, damit aus den Kindern mal was wird. Als Folge ist ganz klar der Punkt der ungewollten Armut zu sehen. Früher war die Mehrkind-Ehe sicherlich sinnvoll, da aufgrund der hohen Säuglingssterblichkeit nur ein geringer Teil überlebte und außerdem die Kinder eine wirtschaftliche Absicherung der Eltern im Alter waren. Aber im Jetzt, da die Medizin erhebliche Fortschritte gemacht hat, lässt Kinderreichtum die Welt explosionsartig anwachsen. Das dies aber nicht sinnvoll ist, merken auch Katholiken instinktiv und verhüten. Dabei braucht man kein schlechtes Gewissen zu haben.

Wie verhindern wir die Überbevölkerung?

Das ist ganz einfach. Wir müssen lediglich weltweit die Geburtenrate senken, sodass diese unter dem Niveau der natürlichen Sterberate liegt. Hier spielt die Empfängnisverhütung natürlich die herausragende Rolle. Im Gegensatz zum Papst, der offensichtlich nichts von Lebensqualität hält, meine ich, dass dieser Punkt der entscheidende für unser aller Zukunft ist. Die Natur wird sich immer behaupten, ob der Mensch sich jedoch behaupten kann, hängt im Wesentlichen auch von der Überbevölkerung ab. Nicht zu vernachlässigende Punkte wären, wie gesagt, die sinnlose Armut und das folgende Elend.

Die Unterernährung

Das zweite große Problem stellt jetzt schon die Unterernährung bzw. die Armut auf dieser Welt dar. Aus diesem Grund stelle ich unseren Weltpolitikern deshalb das Armutszeugnis aus. Es darf nicht sein, dass Millionen von Menschen, in der heutigen Zeit des Wissens und der tausend Möglichkeiten immer noch hungern und oft am Rande des Todes vegetieren, ja, vegetieren. Und das Wort ist deshalb im Deutschen so treffend, weil darin das Wort Tier steckt. Wie Tiere leben Menschen im Elend, und wir scheinbar Zivilisierten gucken unbekümmert zu oder richtiger: schauen weit weg. Es reicht nicht aus, wenn sich dankenswerterweise einige engagieren und versuchen, dem abzuhelfen. Wir alle müssen dem Hunger konzeptionell entgegen wirken.

Wer hungert, lebt wie ein Tier!
Wer hungert, kann nicht denken!
Wer nicht denken kann, erstickt im Elend!

Gebet
Herr, Viele glauben an Dich – sag, wie kannst
Du dies alles so geschehen lassen?

Herr, Viele glauben, dass Du die Welt erschaffen hast – sag, warum hast Du alles so
perfekt gemacht, nur uns Menschen nicht?

Herr, schenke uns mehr Einsicht!

Umweltverschmutzung

Dieses dritte Problem ist dem menschenmordenden Kapitalismus zuzuschreiben. Hierfür habe ich die einfache Begründung: Wer wissentlich der Umwelt also Pflanzen, Tieren, Menschen und der Erde mit ihrer Lufthülle schadet, ist entweder ein Mörder oder ein Mittäter. Das sind hauptsächlich die Menschen, die sich vor Ihrer Verantwortung für ein besseres Leben aller drücken. An dieser Stelle möchte ich zur Erinnerung einige, wie ich meine wichtige, Beispiele nennen bzw. typische Szenarien beschreiben. Denken wir an die Luftverschmutzung. Unsere Gesetze sind heute so ausgelegt, dass es den Firmen möglich wird, statt geeigneter Filteranlagen einzusetzen, einfach die Zahl ihrer Schornsteine zu erhöhen oder die Schornsteine so hoch zu machen, bis eine bessere Verteilung des Drecks die Belastung pro Kubikmeter senkt – tatsächlich wird also nichts getan, was die Menge reduziert. Ein anderes ist die Einführung des Katalysators. Wie lange hat sich die deutsche Industrie gesträubt eine vorhandene Technik einzuführen – es ist einfach unglaublich. Um beim Auto zu bleiben, wann werden diese wirklich umweltfreundlich werden? Anstatt sich alle Hersteller einigen, um etwas für unsere Welt zu tun, wird die schlechte vorhandene Technik weiter eingesetzt. Ein Glück nur das die meisten Chinesen noch mit dem Fahrrad fahren. Es ist nicht auszudenken, wenn alle ein Auto hätten! Ich sage mit alle Kraft: „Runter mit den Abgasen".

Ein anderes Feld mit lebensbedrohlicher Auswirkung ist die Frage nach fehlenden Sicherheitseinrichtungen. Ein typisches Beispiel sind Riesentanker. Immer müssen in unserer Welt erst Katastrophen passieren, die kristallklar unsere Mächtigen zu verantworten haben, bevor etwas geändert wird, aber auch das erst, wenn der Massendruck zu hoch wird, und selbst dann stellen sich die Verursacher noch hin und behaupten, von nichts gewusst zu haben – Drecksäcke. Das Thema Sicherheitseinrichtungen ist leider ein weites, trauriges Feld.

Obige Beispiele sollen genügen. Ich will darauf hinaus, dass Unternehmer gezielt ihren Rotstift in diesen Fragen ansetzen, um eiskalt ihre Gewinne zu maximieren. Mir tun diese Menschen leid, weil sie damit ihre Seele dem Teufel verschrieben haben. Ich möchte erwähnen, dass ich mich hier symbolisch ausgedrückt habe und nicht an die Existenz des Teufels glaube.

Jedes kriminelle Treiben eines Unternehmers schadet der Allgemeinheit. Ich wünsche mir Unternehmer, die das Rückgrad haben und ihren Mitarbeitern sagen: „Ich muss diese Unternehmung unterlassen, weil ich das Leben liebe und nicht möchte, dass irgendeiner von euch zu Schaden kommt". Ich habe hier bewusst das vorsätzliche Sicherheitsrisiko angesprochen.

Natürlich leben wir in dieser, unserer Welt mit Gefahren. „Gestern" waren es wilde Tiere, „Heute" sind es Fortbewegungsmittel wie das Auto, Atomkraftwerke usw.

Es ist an der Zeit aufzubrechen, umzudenken, um neuen, lebensfördernden Strategien Platz einzuräumen. Das Wissen hierfür ist längst da. Nutzen wir dieses - ohne jeden

Vorbehalt. Keiner unserer Wissenden kann sagen, dass diese Aussage der Unwahrheit entspricht. Das Stichwort ist: Technik von Menschen für Menschen.

Menschlicher Wahnsinn

Ein besonders trauriges Kapitel der Menschheit ist der Terrorismus. Hier missbrauchen meist religiöse Führer die Ahnungslosigkeit ihrer Mitmenschen, um der Welt zu beweisen wie gottgleich sie doch sind. Statt aus dem Land etwas zu machen, wird destruktiv Schuld auf die Welt abgewälzt. Hier zeigt sich, wie wichtig es ist, Wissen gerade in diese Bereiche bzw. Länder zu bringen.

Wir können deren Attentate auch als Aufschrei der Hilflosigkeit verstehen. Statt uns zu entrüsten, wären wir gut beraten, die Probleme sehr sensibel zu hinterfragen, um nach Lösungen, gemeinsam mit diesen Menschen zu suchen. Ich wiederhole mich, wenn ich sage: „Menschen, die satt sind, haben keinen Grund verrückt zu spielen". Natürlich geht das nicht von heute auf morgen.

Hier zeigt sich besonders wie wichtig es ist, dass Spiel vom Geben und Nehmen so zu spielen, dass sozialer Zündstoff abgebaut wird. Das geht auch ohne Waffen und kann nur so funktionieren.

Kapitel 4 Qualitäten des Lebens

Was bedeutet Lebensqualität?

Wie gesagt, kommt Lebensqualität dann zum Tragen, wenn wir erst einmal satt sind. Jeder von uns hat Probleme, wenn das Grundbedürfnis Hunger nicht befriedigt ist. Es gibt natürlich noch weitere Grundbedürfnisse, die von Natur aus zufriedenstellen, wie die Liebe und Sexualität. Oder richten wir nur mal einen Blick in die Natur, das gespürte Wohlempfinden beim Spiel der Farben, im speziellen die Waldfarbe grün oder das Blau der Meere.

Nachdem wir gegessen haben, werden demzufolge weitere Dinge wichtig, die mit unseren Sinnen, unserem Denken, also unserer Seele zusammenhängen und natürlich mit unseren Mitmenschen.

Ich möchte nun an dieser Stelle versuchen, Lebensqualität in der sogenannten Zivilisation genauer, aber dennoch allgemeingültig zu definieren. Deshalb anbei die folgenden, aus meiner Sicht wichtigsten Stichworte, die sie auch gerne, jeder für sich, viel persönlicher weiterführen oder ändern können:

- Lebensunterhalt
  ein ausreichendes Einkommen

- Wohnung
  eine zentrale Heizung
  fließendes warmes und kaltes Wasser
  eine Abwasserentsorgung

- Strom
  Licht
  Herd
  Kühlschrank
  Fernseher

Telefon
Computer

- Partnerschaft

- Freunde

- Kurzweil
  Hobbys, Veranstaltungen, Feste, Spiele

Lebensqualität ist also abhängig vom Lebensraum, vom Umfeld, auch stark von der jeweiligen Volkspolitik. Desgleichen ist sie abhängig von jedem selbst. Anders ausgedrückt kann man auch von einem Wohlfühlen sprechen - wer möchte sich nicht wohlfühlen, oder?

Was ich obig definiert habe, denke ich, trifft auf die sogenannten zivilisierten Länder zu und dennoch gibt es Nischen in denen zum Beispiel Nomaden, denen die Lebensbedingungen eine andere Lebensweise abverlangen. Auch wenn diesen Menschen die Annehmlichkeiten der Zivilisation verwehrt sind, leben sie dennoch zufrieden. Aber die Geborgenheit eines Heims, einer Jurte oder eines Zeltes brauchen auch sie.

Weshalb ist das Leben ein Spiel?

Wenn wir das Lebenslicht erblicken, sind wir unbelastet auf die Welt gekommen. Um das Leben zu begreifen, lernen wir als Säugling erst einmal unseren Körper kennen. Mit den Händen versuchen wir zu greifen, und nach einigem Üben gelingt das auch. Sobald das Augenlicht uns zusätzlich das klare Sehen ermöglicht, können wir räumlich koordiniert unsere Hände bewegen, Dinge, auch unser Spielzeug, greifen. Hier sind für Kleinkinder Einpassspiele beliebt, wo das Kind Formteile in eine dafür vorgesehene Öffnung stecken kann. Wir erfassen spielerisch unsere Umgebung und lernen damit Dinge durch Ausprobieren kennen. Später, je nach Erfahrung, werden diese Spiele vielfältiger und interessanter. Mit zunehmendem Alter gleichen wir die Spielräume dem Lebensumfeld an. Ich meine, dass zum Beispiel Mädchen - im Spiel mit Puppen - oder Jungs - im Spiel mit der Eisenbahn -, mit Sachen umgehen, deren Lernerfolg uns später im täglichen Leben helfen. Aus dem Gesagten wird auch der Geschlechterunterschied deutlich. Kein Mensch kann diesen genetisch biologischen Kern des Geschlechts ableugnen.

Wenn wir ein Alter von 18 Jahren erreicht haben, reden wir vom Erwachsensein. Das trifft auch zu, da wir einen Reifegrad erreicht haben, der uns zur Wahl berechtigt oder eine Heirat ermöglicht. Biologisch ausgewachsen sind wir aber erst mit 24 Jahren. Aber hören wir ab diesem Alter auf zu spielen? Ich sage nein. Wir hören unser ganzes Leben lang nicht auf zu spielen. Ob es nun Kartenspiele sind, Nächte am Computer oder andere Hobbys. Immer finden wir Vorlieben, mit denen wir spielerisch umgehen, die uns einfach persönlich Freude machen. Dinge, die wir selbst genießen oder aber auch mit anderen teilen können. Schließlich ist es auch ein Spiel, mit dem Nächsten zu scherzen, ihn zu umgarnen oder ihn zu Dingen zu bewegen, die er eigentlich nicht wollte - das Spiel des Lebens spielen.

Weshalb tut uns Spielen gut?

Nun, jeder von uns, der Freude empfindet, fühlt sich dann gut. Warum das so ist, ist völlig unwichtig. Wichtig ist nur, dass es so ist, wie es ist. Empfinden wir Freude, sind wir glücklich. Menschen, die schon mit den kleinen Dingen glücklich sind, können im Besonderen das Leben genießen.

Weshalb ist Glückempfinden wichtig?

Es ist nicht das Geld, dass uns zufrieden macht. Es ist vielmehr das ausgewogene Miteinander! Zufriedenheit können wir nur in uns selbst finden. Haben wir, jeder für sich, ein ausgeprägtes Selbstverständnis, ist es uns in wunderbarerweise möglich, mit unseren Mitmenschen unkriegerisch umzugehen und Konflikte positiv zu bewältigen. Leider haben wir hier noch immer einen enormen Nachholbedarf.

Was zeichnet ein positives Selbstverständnis aus?

Nun, dieser Punkt ist von unserem Umfeld abhängig. Es verhält sich so, dass jeder, der in der Lage ist, ein positives Selbstverständnis zu entwickeln, auch ein gewisses Maß an Grundbedürfnissen befriedigen kann. Hier möchte ich an die oben aufgeführten Lebensqualitätsmerkmale erinnern. Sind diese Merkmale - je nach persönlicher Voraussetzung - finanziell befriedigt, fällt es leichter, ein positives Selbstverständnis bzw. eine eigene Zufriedenheit für sich selbst zu entwickeln. Dies gilt immer dann, wenn man etwas geschafft hat und selber mit dem Erreichten glücklich sein kann. Eigentlich tun mir einige reiche Menschen leid. Wie sollen sie Selbstzufriedenheit erlangen, wenn sie doch alles kaufen und nie etwas mit ihren eigenen Händen erarbeitet haben.

An dieser Stelle möchte ich den Begriff „Sozialer Zündstoff" ins Spiel bringen, um mich besser verständlich zu machen: Gehöre ich zu den sozial Schwachen unserer Gesellschaft, bin ich im Wesentlichen mit dem täglichen Überleben beschäftigt. Ich erlebe eine Gesellschaft um mich herum, die in Saus und Braus lebt und ich werde mich fragen warum das so ist. Viele von jenen können sich damit nicht abfinden und machen ihrem Unmut Luft, indem sie sich den Ausgleich mit Gewalt holen – Unfrieden entsteht.

Für den umgekehrten Fall ergibt sich das Folgende: Habe ich Geld und Mittel im Überfluss, weiß ich unter gegebenen Umständen nicht mehr, was mir noch Freude macht. Als Folge werde ich lebensüberdrüssig, werde ungerecht gegen mich selbst und andere.

Wo liegt nun das notwendige sogenannte gesunde Mittelmaß. Nun, ich möchte zuvor noch näher auf den Punkt Mittelmaß eingehen und betonen, dass ich dieses Wort gewichtend gewertet meine. Das Mittelmaß ist eine austarierte Waage zwischen Freud und Leid - nicht mehr und nicht weniger.

Es ist wichtig, dass wir das Gefühl im Leben haben, gebraucht zu werden und Dinge, die wir benötigen, uns erarbeiten. Wer ordentlich geschwitzt hat, wird die Pause viel intensiver genießen können, wenn es Anlass zum Feiern gibt. Es ist das Wechselspiel zwischen Geben und Nehmen, das uns verbindet. Heute ist dieses Spiel aller Menschen auch durch den Begriff geprägt:

Weltfrieden durch Welthandel!

Statt Kriege zu führen, ist es angemessener, sich im Handeln zu „streiten" und herauszufinden, was der Eine gut kann und was der Andere. Wie kann man sich gemeinsam beschäftigen bzw. wie kann ich von meinem Nächsten profitieren? Doch nicht, ohne auch zu geben! Ein weitere Möglichkeit, sich auszutauschen bieten heute Computer, sodass der Austausch nicht nur schneller geht, sondern auch Kommunikation mit Menschen betrieben werden kann, die man früher nie erreicht hätte. Eine großartige Möglichkeit, wenn man diese nur friedlich nutzt.

Rückblick

Ich habe seit den Anfängen des Buches den Versuch gewagt, ihnen Dinge im Wechselspiel des Lebens bewusst zu machen, um Sie an mein eigentliches Anliegen heranzuführen. Es ist die Frage:

Wie geht es weiter - mit uns?

Wir werden im Wesentlichen in dieses Leben gebracht, weil ein Paar sich entschlossen hat, Nachwuchs zu zeugen. Ein ganz natürliches Verlangen, das uns die Natur in den Schoß gelegt hat, damit eine Rasse nicht ausstirbt, besser die Menschen nicht aussterben. Aber wie bereits beschrieben, ist ein qualitatives Leben auf dieser, unserer Mutter Erde von verschiedenen Faktoren abhängig. Ich setze voraus, dass auch sie an einem solchen Leben interessiert sind.

Wie sieht nun der Mensch aus, der ein qualitativ erfülltes Leben in einer Weltgemeinschaft leben kann?

Und hier habe ich schon ein wichtiges Schlüsselwort gewählt! - das Wort Weltgemeinschaft. Ich gehe davon aus, dass alle Menschen gleich sind, und keine Rasse privilegiert ist. Wir alle, ob gelb, braun, schwarz oder weiß, sind ein Team. Es darf keine gewichtenden Unterschiede in der Frage der geistigen Kompetenz in dieser Betrachtung geben. Das es Unterschiede gibt ist klar, aber diese sind unabhängig von Rasse und Geschlecht. Jeder ist zwar in erster Linie für sich selbst verantwortlich, sollte aber für eine starke Gemeinschaft seinen Beitrag leisten. Zur Verzahnung dieses positiven Miteinanders sollten wir einander die Hände reichen.

Warum sind alle Menschen gleich? Nun alle Menschen entstehen aus einer Samenzelle und dem Ei, der Lebensquelle. Wir wachsen in der Mutter heran und erblicken nach 9 Monaten der Reifung das Licht der Welt. Was aber sind wir Menschen in der Sekunde der Geburt? Hilflos!

Erst das Heranwachsen, das Lernen, Erfahren und Sinneserleben erfüllt uns mit Seele. Das heißt unser Gehirn reichert sich erst im Laufe der Zeit mit Daten an. Jene wertet es nun aus und kann diese dann in Erkenntnisse umsetzen, um besser überleben zu können. Am Anfang sind wir also "Nichts" als eine biologische Hülle, die ein geistig leeres Gehirn am Leben hält. Wir unterscheiden uns lediglich in Dingen wie Geschlecht, Erbanlagen, Hautfarbe, Größe und Gewicht. Was uns aber zum Menschen macht, ist der Geist, und dieser reift mit zunehmendem Alter in unserem Gehirn dadurch, dass wir Erfahrungen mittels unserer Sinne machen, die wir dann in Handeln umsetzen können. So sind alle Menschen gebaut, ohne Wenn und Aber. Unsere so gereifte Seele ist es dann, die das geistige Gut liebevoll im Miteinander, dem Wir, verwenden kann. Leider gibt es Menschen unter uns, die eine „schwarze Seele" haben.

Nun, wenn sie mir folgen wollen, möchte ich ihnen meine weiteren Gedanken näher bringen.

Kapitel 5 Die Menschheitsentwicklungen

Rückblick

In der Steinzeit waren urzeitliche Instinkte wichtig, da wir in dieser Phase vornehmlich Nahrungsbeschaffungsprobleme hatten. Mit zunehmender Zeit, also mit den Jahren, gelang es uns, Lebensabläufe durch technische Hilfsmittel zu vereinfachen, sodass das ursprünglich harte Leben sanfter und angenehmer wurde. Wir entwickelten unsere Urinstinkte zurück und verlagerten diese zu Gunsten von mehr Wissen, mehr Freizeit natürlich auch, bis hin zu sinnlichen Erfahrungen in der Sexualität, wie auch der Kunst, um nur 2 Beispiele zu nennen.

Die Wende

Ich habe von technischen Hilfsmitteln, also auch Werkzeugen, gesprochen, die in der Menschheitsgeschichte geholfen haben uns weiterzuentwickeln, wie das Rad. Jedoch, denke ich, stehen wir vor einer weiteren Wende, um die Zukunft besser gestalten zu können. Dazu ist eine weltweite Zielstrebigkeit erforderlich. Wir alle sollten an einem Strang ziehen! Machen auch sie mit! Hier wird eines klar: Wir brauchen dazu weitere Werkzeuge.

Aber keineswegs müssen wir welche erfinden. Im Gegenteil, wir haben diese bereits. Es sind die Kommunikationswerkzeuge, die wir effektiver einsetzen müssen. Das können wir u.a. gezielt in der Kindererziehung zum Wohl unserer Kinder tun und für eine Welt mit einem neuen, besseren Morgen.

Was ist eine gute Erziehung?

Während der Erziehung unserer Kinder machen wir uns oft Gedanken über die Wirkung unserer Maßnahmen. Wie entwickelt sich mein Kind, wenn ich es autoritär oder antiautoritär erziehe oder von jedem ein bisschen? Ich meine „Gift" ist eine Frage der Dosis und so ist es auch in der Erziehung - zuviel ist zuviel und zuwenig ist zuwenig.

Ich bin davon überzeugt, dass es immens wichtig ist, dem Kind klare Lebensregeln vorzuleben und ihm von Anfang an klare Grenzen aufzuzeigen, um es in jungen Jahren auf den rechten Weg zu bringen. Hier gewinnen also, ich betone das extra, gesprochene Worte die entscheidende Bedeutung.

Kinder saugen ihr Umfeld auf, reproduzieren es und warten ab, was daraufhin vom Umfeld zu ihnen zurückkommt. Wie reagiert wer auf welches Wort usw..

Wir sollten uns bewusst machen, dass das heutige Miteinander ohne das Wort bzw. ohne Worte nicht möglich ist. Lediglich unsere Gefühle hätten wir alleine zur Verfügung, um unseren Nächsten positiv, negativ oder auch neutral zu bewerten. Allein das Wort hat uns den Fortschritt gebracht, die Möglichkeit gegeben, kommunikatives Bewusstsein zu entwickeln. War ihnen das in der Konsequenz bewusst?

Weiterführend bin ich davon überzeugt, dass auch die unterschiedlichen Sprachen, durch ihre mehr oder weniger ausgeprägte Präzision, einen Einfluss auf das Zusammenleben und die allgemeine Intelligenz eines Volkes bewirken.

Ein Beispiel für das Erlernen von Präzision ist: Wenn ich weiß, wie Worte gemeint sind, ich also unterscheiden kann, was ein Ja, Nein oder ein Vielleicht ist, kann ich meine Mitmenschen besser einschätzen. Bin ich dann noch in der Lage, Gestiken zu bewerten, also die Körpersprache eines Menschen zu erkennen und zu bewerten, dann bin ich mit gutem Rüstzeug ausgestattet.

Worauf kommt es im Leben an?

Um ein Maximum an Können, Geschick usw. zu erlangen, ist es also wesentlich, wie ich mich konditioniere, wie ich als Heranwachsender von meinem Umfeld beeinflusst werde und inwieweit ich eine Konditionierung von außen zulasse.

Als Vater habe ich früh damit angefangen, meiner Tochter frei erfundene Märchen zu erzählen. Das machte ihr und mir Spaß, wenn sie mir ein paar Stichworte gab, und ich daraus ein Märchen erfand. Außerdem konnte sie nach dieser Gutenachtgeschichte immer gut einschlafen und träumen. Ich möchte daran erinnern, dass ich selber, in meiner Kindheit, an solchen Erzählungen meines Opas viel Abendfreude hatte.

Sobald man als Kind seine Gliedmassen, seine Sinne und ein seinen Verstand gebrauchen kann, fängt das eigene Ich, die Seele an zu wachsen. Das fängt an, mit dem eigenen

Können, selbstgestellte Aufgaben zu bewältigen und geht weiter, indem es den Widerspruchsgeist entdeckt. Ohne diesen Widersinn kann man sich nicht in diesem Leben behaupten. Wer noch weiterkommen will muss aber mehr lernen, als sich durchzusetzen. Apropos, ich meine hier nicht sich körperlich, sondern sich in geistiger Weise durchzusetzen. Dies ist die richtige Form, wenn man mit Menschen umgeht, die auch Bewusstsein haben und deshalb auch auf Worte hören!

Es gibt natürlich Menschen, die aufgrund ihrer geistigen Anlagen nicht so genau auf Worte reagieren können. Aber im Allgemeinen funktioniert das recht gut, sodass "Wortspielereien" Gehör finden. Damit wird es überhaupt erst möglich die Welt zu regieren.

Der biblischen Legende zufolge entwickelte sich das Wort beim Turmbau zu Babel. Da er so hoch war, reichten Gestik und Gebärdensprache nicht mehr aus.

Hatte man im Mittelalter noch vermehrt schlagende Argumente, so kann man heute doch positiv feststellen, dass wir in diesem Punkt etwas schlauer geworden sind. Wir haben uns also auf geistiger Ebene evolutionär gesehen weiterentwickelt. Was einem weiteren Entwicklungssprung entgegensteht, ist der ausgeprägte Egoismus, das Leben nur zu seinem eigenen Vorteil zu nutzen. Es ist einerseits gut, eine gesunde Ichbezogenheit zu besitzen, andererseits sollte jeder darauf achten, dass andere dabei nicht körperliche bzw. geistige Schäden nehmen. Denn wir können mehr und sollten uns weiter zum „Wir" entwickeln. Und wer uns nachsagt, dies sei gegen die Natur, sei hiermit ermahnt. Es ist für das „Wir" undenkbar, ins Extrem formuliert zu sagen: „Tötet einander! Der Stärkere soll gewinnen". Es ist deshalb angebracht zu sagen: „Liebt und helft einander und euch wird gegeben", verständlich?

Es ist erwiesen, dass in einem gesunden Körper ein gesunder Geist wohnt und somit seelisch-geistiger Schaden auch Auswirkungen auf den Körper hat. Es kommt nicht von ungefähr, dass zu diesem Thema ein Buch mit dem Titel: "Krankheit ein Weg" verfasst wurde.

Aus diesem Grund, nämlich ohne sinnlose Schmerzen, ob geistiger oder körperlicher Natur, sollten wir versuchen das „Wir" zu suchen und zu verwirklichen. Es ist an der Zeit, in eine neue Zukunft aufzubrechen, die mehr Gerechtigkeit und damit ein Mehr an Lebensglück schafft. Sie werden möglicherweise denken, dass dieses Buch von einem Utopisten verfasst wurde – ich aber werde ihnen das Gegenteil in diesem Buch beweisen.

Dazu ist es an der Zeit, denke ich, dass wir neue Werkzeuge finden und sie einsetzen. Eigentlich sind diese Hilfsmittel bereits da, wie ich schon erwähnt habe. Es sind die Kommunikationswerkzeuge, die uns in die Lage versetzen, ein besseres Miteinander zu führen. Mehr Verständnis aufzubringen für den Anderen und damit am eigenen Selbstverständnis zu gewinnen. Sind wir reich an Selbstverständnis, auch Verständigkeit, und haben wir ein Sinnbild von uns und unserem Leben entwickelt, dann ruhen wir in uns selbst und können anderen geben. Mit unseren Mitmenschen besser zu kommunizieren, zu geben oder abgeben zu können, ist das

Ziel und damit der Weg! Und eigentlich steht es schon in der Bibel:

Liebe deinen Nächsten, wie Dich selbst!

Heute lernen wir in der Schule immer noch Dinge von "Dunnemals", wie Rechnen, Lesen, Schreiben usw.. Ist es nicht an der Zeit, dass hier eine Veränderung stattfindet? Natürlich werden wir das Genannte nicht abschaffen, aber es erweitern müssen. Was brauchen wir an Mehr, an Fähigkeiten, um in einer sich immer schneller verändernden Welt bestehen zu können? Nun, wir benötigen effektive Kommunikationsmittel. Diese haben wir, setzen sie aber nicht zwangsläufig sinnvoll ein, da wir weder das Miteinanderreden, noch die Körpersprache gezielt erlernt haben und schon gar nicht in unseren Schulen. Unsere Lernmaschinerie ist darauf getrimmt, die Kinder in die Ausbeutungsgesellschaft zuführen. Ich sage:

Weg vom Nürnberger Trichter, hin zur Lebensweisheit!

„Hören wir auf zu glauben, dass Eliteschulen für Reiche, in deren Streben nach Machterhalt, richtig sind". Hören wir auf Philosophen zu glauben, die geschrieben haben:

Nur ein dummes Volk regiert sich gut!

Fangen wir besser an, daran zu glauben, dass das Leben an sich positiv gemeint ist, und das wir das Positive fördern sollten. Hier dazu ein Wort:

Glaube kann Berge versetzen!

Es geht mir nicht um den Glauben zur Religion, sondern an den Glauben, der ein Zukunftsbild in sich trägt, das dem Leben zugewandt ist und ein Mehr an Menschlichkeit, als Motiv in sich trägt. Wenn wir daran festhalten, wird sich diese Welt zum Besseren ändern.

Hier sind insbesondere unsere Mächtigen gefragt, sich dafür einzusetzen, ihrer Nachwelt ein sinnvolles Morgen zu hinterlassen.

An dieser Stelle möchte ich auf das Wort „sinnvoll“ näher eingehen. Macht es für sie Sinn, auf der Erfolgspyramide über Menschenköpfe hinwegzusteigen, um diese niederzutrampeln? Ist es nicht so, dass das Leid, welches sie dabei den Anderen zufügen, auf sie Selbst zurückfällt. Wir messen auch heute noch unser Leben am wirtschaftlichen Erfolg bzw. Geldbeutel. Im Zeitalter der Raumfahrt sollten wir gelernt haben, es besser zu wissen. Ist es nicht auch so, dass wir von unseren Oberen dieses Messen, ohne zu hinterfragen, hinnehmen. Unsere Altvorderen sollten sich was schämen. Schulen, Fernsehen und die Politik, die eigentlich für das Volk sein sollte, sind nur auf diesen Zusammenhang ausgerichtet. Alle hängen heute nur am kapitalistischen Geldhahn - Geld, Geld und nochmals Geld. Dieser Umstand macht krank und ist krank. Lassen sie sich hier mal das Wort Geldhahn mal auf der Zunge zergehen. Jetzt wird's nämlich interessant: Einen Hahn kann man auf- und zudrehen – Einer, der am längeren Hebel sitzt, kann diesen auf- und zudrehen.

Geben wir allen wirklich die gleiche Chance? Hören wir also auf, anderen Schaden zuzufügen, um nur dem schnöden Mammon gerecht werden. Lernen wir, in uns selbst zu ruhen. Lernen wir, um dadurch dem Einzelnen und der Gemeinschaft geben zu können. Entdecken wir unsere Lebensnische, in der wir Sinnvolles bewirken - helfen wir anderen dabei. An diese Stelle möchte ich das Wort Lebensförderung setzen. Dieses Wort beinhaltet eine für uns positive Rückkopplung.

Lehren ist die Methode, Erfahrungen effektiv an andere Menschen, insbesondere an Heranwachsende, weiterzugeben. Denken wir daran, dass jeder die Chance haben soll, sich so weit wie nur irgend möglich, entwickeln zu können. Das geht nur mit guter Motivation oder einfacher gesagt, man lernt besser mit Freude.

Kummer und Leid

An dieser Stelle möchte ich zum heutigen destruktivem Gebaren kommen. Wie gehen wir also im Hier und Jetzt miteinander um? Nun, wir haben eine Hierarchie. Eine Struktur von Oben nach Unten. Oben sind Sparten wie die Regierung, die Industrie, die Banken, der Sport und die Kirche. Dies alles sind Beispiele für Imperien, die unser heutiges Leben bestimmen. Wenn wir genauer hinschauen, können wir feststellen, dass alle diese Organisationen mit Machtstrukturen gelenkt und am "Leben" erhalten werden. Ob demokratisch oder nicht - wer hier Angst hat verliert oder ist der sogenannte "Dumme".

Hat sich erst einmal so ein Leit- und Machtwolf etabliert, ist man ihm traditionell hörig. Einerseits, weil wir bequem sind und uns sagen: „Der wird es schon richten oder besser wissen". Andererseits, weil wir es gelernt haben, auf Worte zu hören, unserer Erziehung gemäß zu handeln. Dadurch gewinnen die Mächtigen noch mehr an Macht. Dies birgt u.a. die Gefahr, dass nur ein Mann Fehlentscheidungen fällen kann, weil keiner sich wehren kann und niemand da ist, der solche Sachen überdenkt, ein Veto einlegt und somit gegenlenkt. Gruppenentscheidungen haben zwar eine größere Chance, richtiger zu sein, werden aber durch die Interessen der Gruppe gefällt und nie weil es, zum Beispiel in der Politik, um das Volk und dessen Wohl geht. Hier müssen wir lernen, unseren Entscheidungen immer voranzustellen, ob diese dem Wohl aller dienen. Fangen wir an, jeder für sich, hier umzudenken.

Woran mag das wohl liegen, dass unsere Rudelführer sich von der Masse abheben? Einerseits liegt das an dem besseren Sprachvermögen und dem höheren Wissenstand gegenüber der Masse. Ist es uns Menschen nicht gegeben das große Ganze zu sehen? Sind wir deshalb nicht in der Lage, es besser zu machen. Es steht zwar sinngemäß in der Bibel, dass der Mensch von den Göttern abstammt, wir aber alle wissen, dass dies eine Scheinbehauptung ist. Wie kann man es also besser machen, wenn wir einerseits den Blick fürs Ganze nicht haben können, uns aber dennoch in eine bessere Zukunft entwickeln wollen? Haben wir überhaupt eine Zukunft?

Die Zukunft gestalten

Nun, ich denke, dass wir eine Zukunft haben und eine bessere gestalten können, wenn wir nur wollen. Wie zuvor erwähnt verlieren wir - anders formuliert - schnell mal den Überblick. So ist es ganz einfach den Schluss zu ziehen: Wenn wir es nicht schaffen, den Überblick aufgrund der vielen Informationen zu behalten, ist es eben erforderlich die Informationsflut zu filtern. Und der Volksmund sagt: „Die Spreu vom Weizen trennen". Probleme müssen deshalb gemeinsam angegangen werden, um sie zu lösen. In der Computerwelt gibt es dafür schon Beispiele. Man vernetzt einfach viele kleine Heimrechner und verbindet diese zu einem „Großrechner". Das heißt nichts anderes, als dass wir endlich lernen müssen, an einem Strang zu ziehen.

Hierfür ist es eine Grundvoraussetzung, unsere heutigen Werte zu überdenken, zu bewerten und neu zu formulieren, auch mit den Maßgaben zu ergänzen, die für eine bessere Zukunft und vor allem für Menschlichkeit Sorge tragen. Wir müssen schmerzloser miteinander leben lernen, um damit dem Einzelnen - wie der Gemeinschaft - besser gerecht zu werden.

Kapitel 6 Unsere Grundwerte

Um diesem Ziel näherzukommen, sollten wir die traditionellen Wertesysteme betrachten. Ich möchte an dieser Stelle auf das Christentum und seine zehn Geboten zu sprechen kommen die, so meine ich, seit Anbeginn der Menschheit eine Grundfeste gegeben haben. Bin aber hier der Überzeugung, dass diese Gebote der Renovierung bedürfen, indem man Sie ergänzt und auf unsere heutigen Bedürfnisse besser ausrichtet.

Die Zehn Gebote in Kurzform *(evangelisch)*

1 Du sollst keinen fremden Gott anbeten
2 Du sollst Gottes Namen nicht missbrauchen
3 Du sollst den Feiertag heiligen
4 Du sollst Vater und Mutter ehren
5 Du sollst niemanden töten
6 Du sollst nicht ehebrechen
7 Du sollst nicht stehlen
8 Du sollst nicht falsch Zeugnis reden
9 Du sollst keines anderen Gut begehren
10 Du sollst keines anderen Weib und Gesinde begehren

Das Erste Gebot
Ich bin der Herr, dein Gott. Du sollst keine anderen Götter haben, neben mir.

Wir neigen dazu, unser Leben farbig zu sehen, zu gestalten und mit Fantasie anzureichern. Anderenfalls würden wir eher lebendigen Robotern ähneln, die stur ihre Arbeit verrichten. Der Glaube, der speziell im Christentum den Kerngedanken vermittelt, dass wir nie allein sind, da wir einen Schöpfer haben, der über alles wacht und uns stets zur Seite steht. Ferner bietet das Christentum, für Folgsame, ein Leben nach dem Tod an. Der Gläubige hat demzufolge immer einen virtuellen Begleiter, der ihn in Einsamkeit oder in Lebenskrisen Trost und Kraft spenden kann.

Diese Richtschnur des Christentums gibt die klare Anweisung an einen einzigen Gott zu glauben, dem Allmächtigen, was die Vielgötterei vereinfacht und dem Gläubigen eine leicht verständliche Religion bietet. Damit waren die sogenannten Götzenbilder und ihre Blut- und Menschenopfer passé. Anders formuliert konnten die Religionsgelehrten die Ziele, für die damals einfach lebenden Menschen, anschaulicher vermitteln.

Heute, denke ich, gibt uns diese Vorstellung eher den Hinweis, nicht von dem eigenen - hoffentlich geraden Lebensweg - abzuweichen, sofern wir mit Verführungen konfrontiert werden. Hier kommt der Gedanke des Teufels ins Spiel, der uns immer und ewig ins Unglück führen will. Der Gegenpol zu Gott. Gibt es das Gute, so gibt es auch Böse, so die Schlussfolgerung als Gedanke, wie Kontra und Re und schwarz und weiß.

Doch hängt diesem Szenario auch die Angst an, die uns in Konflikte stürzt. Denn, ich hatte das eingangs erwähnt: „Wer Angst hat, verliert" bzw. verlässt das positive Denken, das uns unendlich viel Kraft geben kann, wenn wir es zulassen. Folglich kommt hier wieder das Zusammenleben in den Vordergrund. Das liebevolle Nehmen und Geben, das uns untereinander hilft, klagloser zusammenzuleben. Liebe ich mein Leben, dann liebe ich meine Mitmenschen und kann das Spiel vom Geben und Nehmen leichter bestehen.

Hier drängt sich mir die Frage auf: „Können wir, oder wie können wir ohne Religion leben"? Jeder von uns erlebt irgendwann eine Leere oder das Gefühl nutzlos zu sein. Mit der Frage nach dem Sinn des Lebens und was das Ganze soll, bekommt man zwangsläufig das Gefühl, ein Nichts im Universum zu sein.

Ein aufmerksamer, sensibler Charakter wird nun feststellen, dass er ein Zahn im Rad der wenigen Zeit ist, die uns hier auf Erden vergönnt ist. Wir sind einfach Teil des Ganzen hier auf Erden. Was wir in unserer Lebenszeit tun können, ist, diese Welt für uns ein wenig bunter, ein wenig liebevoller und damit ein wenig menschlicher zu gestalten. Einige tun dies in ihrem kleinen Umfeld und andere im Großen. Es ist aber egal, wie und in welchem Umfang. Jeder bleibt im Kreis seiner Möglichkeiten, die er/sie/es „in die Wiege gelegt bekommen hat". Wenn wir nur! daran glauben, dass es richtig ist unseren Nächsten nicht mutwillig wehzutun, haben wir verstanden.

Ob Jemand den Weg des Glaubens, auch ohne Angst, geht oder nach ethischen Grundsätzen lebt, sollte jeder für sich selbst entscheiden. Es ist hier nur wichtig zu erkennen, dass wir solche oder ähnliche Grundsätze für das „Wir" im Leben brauchen, denn ohne Regeln herrscht das Chaos. Es ist aber immer ratsam, offen zu bleiben und nicht in die Engstirnigkeit der Glaubensfrohlockungen oder anderer Thesen zu verfallen, denn wo der islamistische Fundamentalismus hinführt, können wir am weltweiten Terrorismus ermessen.

Ich möchte an dieser Stelle zusätzlich deutlich machen, dass die Natur einen Plan hat, - lediglich wir Menschen weichen davon ab. Ob wir es schaffen unsere sieben Sinne beisammenzuhalten, hängt von unserer zukünftigen Entwicklung ab und letztendlich muss deutlich werden, mit oder ohne Gott, dass wir mehr Verantwortung für uns und unsere Mitmenschen übernehmen lernen müssen. Der Volksmund sagt nicht umsonst:

Hilf Dir selbst, dann hilft Dir Gott!

Das Zweite Gebot
Du sollst den Namen des Herrn, deines Gottes, nicht miss-
brauchen.

Hier wird die alte Zeit deutlich, die lange hinter uns liegt und auch dort liegen bleiben sollte. Oberschullehrer, die den Finger heben, sind „out"! Es ist immer besser, aus eigener Überlegung bzw. Überzeugung zu handeln und nicht mit der Strafung durch den Allmächtigen zu drohen.

Um dieses Vermögen zu erreichen ist es von Vorteil, dies nicht nur im eigenen Kämmerlein zu tun, sondern die persönlichen Gedanken mit seinen Nächsten auszutauschen, zu diskutieren und so reifen zu lassen. Hier kommen wir insbesondere auf den Punkt: Kritikfähigkeit. Bin ich auch von mir überzeugt, so sollte ich mir eine Tür der Selbstkontrolle offen lassen, um meine Meinung zu überprüfen und gegebenenfalls auch zu korrigieren - denn wie sagt man so schön und neudeutsch: "nobody is perfect" - niemand ist eben vollkommen.

Keinesfalls sollten wir aber mit dem „lieben Gott" drohen oder glauben, die Weisheit mit Löffeln gefressen zu haben oder uns über Andere zu stellen, in dem wir meinen, der Gläubige der Gläubigen zu sein. Hier sagt der Volksmund: „Hochmut kommt vor dem Fall", sodass uns spätestens jetzt klar sein sollte, dass die Überzeugungsarbeit gegenüber dem Nächsten immer die bessere Alternative ist. Ferner sollte auch niemand versuchen, Geschäfte mit der Dummheit seines Nächsten zu machen. Es steht uns gut an, dem Unterlegenen zu helfen, statt ihm zu schaden.

Das Dritte Gebot
Du sollst den Feiertag heiligen.

Dieses Gebot ist nach wie vor gültig. Niemand kann 365 Tage im Jahr durcharbeiten, auch wenn einige Arbeitgeber dies gerne hätten, um ach so konkurrenzfähig zu bleiben. Außerdem gibt es Berufsgruppen, die dem Gebot schlichtweg nicht folgen können. Ein Bauer, zum Beispiel, muss sich seine Ruhepausen halt anders einteilen. Nur eins soll hier Anmerkung finden: Der Sonntag ist in unserem modernen Leben zwar nicht überholt, findet aber für einige Berufsgruppen zeitverschoben statt. Gemeinhin ist das Wochenende "in". Es ist nun mal so, dass das moderne, schnelle Leben seinen Tribut fordert, und wir deshalb einen längeren Ausgleich benötigen, um wieder für die Berufswoche fit zu sein – nicht umsonst wurde der Urlaub erstritten und gesetzlich geregelt. Der Mensch braucht Phasen der Ruhe, um vom Alltag abzuschalten, auf andere Gedanken zu kommen und sich wieder sammeln zu können. Der Volksmund sagt dazu:

In der Ruhe liegt die Kraft!

Das Vierte Gebot
Du sollst deinen Vater und deine Mutter ehren.

Im Prinzip stimmt dieser Satz, denn im Regelfall kümmern sich die eigenen Eltern liebevoll um ihre Kinder. Im anderen Fall sollte man aus dem Nest flüchten, um diesen Rabeneltern aus dem Wege zu gehen.

Sind die Eltern später hilfsbedürftig, kann es nur gut sein, die Liebe zurückzugeben, die man einst erhalten hat. Hut ab vor Menschen, die dies auch können, obwohl sie Rabeneltern hatten.

Das Fünfte Gebot
Du sollst nicht töten.

Nachdem wir den Kannibalismus überwunden haben, kann der geistig kultivierte Mensch dem nur zustimmen.

Das Sechste Gebot
Du sollst nicht ehebrechen.

Die Liebe ist eine Himmelsmacht, sagt der Volksmund. Wenn wir zusammenleben wollen, ist es nicht nur wichtig Lebensgrundregeln zu befolgen, also Maßstäbe die wir uns gesetzt haben, sondern auch nötig andere nicht in Versuchung zu führen. Das würde nur Kummer und Leid bringen. Wie erwähnt, sollten wir versuchen unser Leben so zu gestalten, dass wir freundschaftlicher durch das Selbe schreiten. Aber es ist auch notwendig das wir selbst gelernt haben nicht allzu wehleidig zu sein. Im Fall einer vermeintlichen Liebe zum Nachbarn oder dessen Frau, sollten wir das mit uns selbst austragen oder anders herum entsprechende Angebote ausschlagen. Hierbei kann jeder seine Charakterstärke beweisen.

Ist die eigene Beziehung nicht intakt, sollte sich jeder darüber klar werden und reinen Tisch machen. Entweder man arrangiert sich mit seinem Partner oder man trennt sich.

Aufrechtes, dem Realismus zu gewandtes Leben lohnt sich. Sinnloser Streit ist „out" – Lösungen suchen „in".

Das Siebte Gebot
Du sollst nicht stehlen.

Wenn wir friedvoll zusammenleben möchten, steht auch das außer Zweifel. Dabei geht es nicht nur um materielle Güter, sondern auch um geistiges Eigentum. Niemand sollte sich mit fremden Federn schmücken.

Das Achte Gebot
Du sollst nicht falsch Zeugnis reden wider deinen Nächsten.

Lügen haben kurze Beine! Der Volksmund hat recht. Ein klares Miteinander hat nur Bestand, wenn wir uns ehrlich und offen mitteilen. Ich möchte jedoch einschränken, dass Offenheit in dem einen oder anderen Fall nicht dazu führen darf, dass der Gesprächspartner so stark geistig verletzt wird, dass er aus der Lebensbahn gerät. Wer kommunizieren kann, hat das rechte Gefühl für das Maß der Dinge bzw. kennt das:

Gesagt Wie!

Das Neunte Gebot
Du sollst nicht begehren deines Nächsten Haus.

Dieses Gebot ist völlig überflüssig, denn mit dem siebten Gebot ist alles gesagt. Neid, denke ich, ist eine geistige Vorform des Stehlens. Anders formuliert kann das auch heißen: Wehret den Anfängen.

Das Zehnte Gebot

Du sollst nicht begehren deines Nächsten Weib, Knecht, Magd, Vieh noch alles, was dein Nächster hat.

Dieses Gebot ist ebenfalls völlig überflüssig, denn mit dem siebten und sechsten Gebot ist alles gesagt. Vielleicht hatte der Bibelautor gedacht, doppelt genäht hält besser, oder meinte für ganz Dumme nochmals das Gesagte in "Klarschrift".

Mein Elftes Gebot

Du sollst so leben, dass niemandes Seele verletzt wird!

Vielmehr fehlt den 10 Geboten dieser entscheidende Punkt. Nicht umsonst sagt der Volksmund:

In einem gesunden Körper wohnt ein gesunder Geist!

Ich möchte das hier einmal umstellen:

Ist der Geist gesund, geht es auch dem Körper gut!

Eigentlich kann man sich dann die 10 Gebote sparen und vielmehr diese Aussage durch Ergänzungen erklären und somit jedermann verständlich machen.

Das Problem, was die zehn Gebote beinhalten ist, dass sie wie Vorschriften sind und damit aussagen, dass wir folgsam sein und nicht nachdenken sollen. Anderenfalls trifft uns der Zorn Gottes, haha. Ich bezweifele, ob das generell so gut ist, als Erwachsener, mit Gebot und Strafe durch das Leben zu gehen. Besser ist es die Dinge und Zusammenhänge des Lebens zu begreifen, dem Verstand eine Chance zu geben, um somit von innen heraus zu handeln. Jeder sollte die gleiche Gelegenheit erhalten dieses lernen zu können. Trotzdem bleibt es immer notwendig sich wieder und wieder Ziele und Verständnis bewusst zu machen, um dem Hang von uns Menschen entgegen zu wirken, Dinge schleifen zu lassen.

Weltreligionen im Überblick

Weltreligionen	Judentum	Katholi-zismus	Protestan-tismus	Islam
Ein ewiger persönlicher Gott	ja	ja	ja	ja
Viele überirdische Nothelfer		ja	Engel	ja
Bilderkult		ja	nein	nein
Einmaligkeit von Schöpfung und Gericht	ja	ja	nein	nein
Himmel und Hölle	ja	ja	ja	ja
Wiederverkörperung		nein	nein	nein
Religionsbedingte Rechtsordnung	ja	nein	nein	ja
Priesterstand		ja	nein	nein
Mönchtum		ja	nein	nein
Polygamie		nein	nein	ja
Speisegesetze	ja	nein	nein	ja
Alkoholverbot		nein	nein	ja
Anspruch auf ausschließliche Gültigkeit	ja	ja	ja	ja

Weltreligionen	Hindu-ismus	Buddhis-mus	Konfuzia-nismus	Tao-ismus
Ein ewiger per-sönlicher Gott	ja	nein	nein	nein
Viele überirdi-sche Nothelfer	ja	ja	ja	ja
Bilderkult	ja	ja	ja	ja
Einmaligkeit von Schöpfung und Gericht	nein	nein	nein	nein
Himmel und Hölle	nein	nein	nein	nein
Wiederver-körperung	ja	ja	nein	Ja/nein
Religions-bedingte Rechts-ordnung	ja	nein	ja	ja
Priesterstand	ja	ja	nein	ja
Mönchtum	ja	ja	nein	ja
Polygamie	ja	ja	(ja)	(ja)
Speisegesetze	ja	ja	nein	nein
Alkoholverbot	ja	ja	nein	nein
Anspruch auf ausschließliche Gültigkeit	nein	nein	nein	nein

Weltreligionen [Menschen in Mio.]					
	1900	**1970**	**1990**	**2000**	**2025**
Christen	558,1	1236,4	1747,5	1999,6	2616,7
Moslems	199,9	553,5	962,4	1188,2	1784,9
Unreligiöse	3,0	532,1	707,1	768,2	875,1
Hindus	203,0	462,6	686,0	811,3	1049,2
Buddhisten	127,1	233,4	323,1	360,0	418,3
Atheisten	0,2	165,4	145,7	150,1	159,5
Neue Religionen	5,9	77,8	92,4	102,4	114,7
Ethnische Religionen	117,6	160,3	200,0	228,4	277,2
Sikhs	3,0	10,6	19,3	23,3	31,4
Juden	12,3	14,8	14,2	14,4	16,1
Summe	3130,1	5416,9	6887,7	7645,9	9368,1

Der Begriff Weltreligion soll zum Ausdruck bringen, dass es sich hier um eine Lehre handelt, die auf unserer Erde eine weite Verbreitung gefunden hat. Grundsätzlich sollen Religionen Frieden und damit den Gläubigen Segen bringen. Leider missbrauchen religiöse Führer Glaubenslehren, was am Beispiel islamistischer Fundamentalisten deutlich wird. Ich möchte anhand obiger Tabellen hervorheben, dass es auf unserer Erde nicht den einen, richtigen Glauben gibt. Vielmehr zeigt sich, dass alle Glaubenslehren wichtige Erkenntnisse und Lebensweisheiten bergen, die alle ihre Berechtigung haben. Es wäre deshalb an der Zeit, dass sich jemand findet, der mal über die Zusammenführung dieser Glaubenslehren nachdenkt. Also all die positiven Gesichtspunkte, die dem Leben hier auf Erden helfen, harmonisiert und zu einer neuen Form des Glaubens? verbindet. Letztlich geht es doch um Lebensförderung. Ich jedenfalls glaube, dass die jeweilige Religion, ein Spiegelbild der dazugehörigen Bevölkerung ist. Offensichtlich wird bei dieser Überlegung, dass wir auf dieser, unserer Erde „ausgesetzt" wurden und wir im Glauben den Grund dafür suchen.

Der Widerspruch des Lebens

Der Lebenskreislauf ist sehr einfach. Er beginnt mit der Zeugung und endet mit dem Tod. Was danach kommt, darüber spekulieren schlaue Geschäftemacher, welche die Dummheit der Bevölkerung ausnutzen, um Profite zu machen. Sie verkaufen uns spirituelle Bücher und Gedanken. Ich will damit nicht sagen, dass da nicht noch etwas sein kann, aber ich möchte betonen, dass es sinnlos ist, über ungelegte Eier zu reden und geistige Energie für Sachen zu verschwenden, die wir sinnvoller für das reale Leben einsetzen können. Was zwischen Geburt und Tod liegt, ist das eigentliche Leben. Wir Menschen müssen begreifen lernen, dass es **nur** um diesen Zeitraum geht und um nichts anderes. Es ist schon schwierig genug diesen Bereich in den Griff zu bekommen, und darüber sollte sich jeder von uns Klarheit verschaffen.

Natürlich ist es schwer, dass wir uns all die Mühen machen müssen, um schmerzfreier miteinander leben zu können. Ich denke, dadurch das die Natur uns den Geist geschenkt hat, sollten wir diesen auch nutzen, während der Weg das Ziel ist. Nämlich das „Wie", - wie schaffe ich es mein Leben positiv zu leben. Wenn ich mir beigebracht habe so zu denken, bin ich dem Leben zugewandt. Dadurch werden schöpferische Energien frei, die mir ganz persönlich helfen, mein eigenes Leben besser zu beherrschen. Somit wird mein Umfeld besser auf mich reagieren. Bin ich kreativ und frei und mir selbst gewogen, dann kann ich meinen Mitmenschen offen und ehrlich ins Gesicht sehen. Auch kann ich mich selbstbewusst mitteilen und als Glied einer Kette verstehen.

Ich kann die Ansicht der Bibel nicht teilen, dass sie sagt: "Seid wie die Kinder". Ich meine vielmehr: "Werdet Erwachsen!, aber verliert nicht die Freude am Leben". Behaltet euren Kinderwitz und das Vermögen sich an den kleinen Dinge des Lebens zu erfreuen.

Wir sind nicht das Nonplusultra

Wer sich auf dieser, unserer Erde umschaut, wird auch auf den Punkt stoßen, dass wir die einzigen Lebewesen sind, die frei denken können. Mit diesem Vermögen sind wir auch in der Lage, unser Leben frei zu gestalten. In diesem Zusammenhang ist es wichtig zu verstehen, dass man dieses freie Gestalten nur beherrscht, wenn wir uns beherrschen können. Das heißt, Herr unserer Gefühle werden - also erwachsen zu sein. Ich meine hier nicht, dass man nicht auf sein Herz hören sollte.

Kapitel 7 Wie funktionieren wir?

Jeder hat nun verstanden, dass er eigenverantwortlich lebt, also selbstbestimmt ist. Viele sind aber noch nicht so weit und die Meisten von uns führen ein Leben in Ziellosigkeit. Eine Zukunft jedoch hat nur der, welcher auch Visionen bilden kann, die es ermöglichen, eine Lebensplanung vorzuempfinden, Gedanken in Bildern aufzubauen, die es dann in Realität umzusetzen gilt.

Unser Gehirn ist sehr mächtig. Es speichert unseren ganzen Lebensverlauf u.a. auch in Bildern ab. Deshalb fällt es uns auch so schwer, wenn durch Verluste oder Einfluss von außen dieser Plan über den Haufen geschmissen wird, loszulassen. Man kann das Gehirn nicht wie eine Festplatte eben mal löschen bzw. aufräumen. Hierzu bedarf es der Kunst positiv zu denken und als erstes sich auf die Störung einzulassen und diese ernst zu nehmen. Nun erst ist es möglich an eine neue Zukunft zu denken, um damit die künftig wichtigen Bilder und Gedanken in den Vordergrund zu rücken. Die alten unwichtigen trennen wir davon ab und rücken diese in den Hintergrund. Verlieren tut man aber keines der alten Bilder. Man kann nur sich selbst motivieren und positive Filter setzen, die einem helfen, mit mehr Klarheit die Zukunft zu sehen, um sie dadurch besser für sich zu gestalten.

Wir haben nun verstanden, dass die „Welt der Welt" sich in uns und damit in unserem Gehirn abspielt: Wo auch sonst!

Jetzt sind wir in der Lage zu begreifen, dass einige gerne kochen, während andere Rennwagen fahren oder in der Seelsorge tätig sind. Wir sind nämlich das, was wir in unserem Kopf abgespeichert haben. Wir sind das Abbild unseres

Gehirns. All das Gute und Schlechte dort in unserem Kopf macht uns aus. Auf unserem Heimrechner können wir löschen, restaurieren oder neu installieren, aber nicht so in unserem Gehirn. Da können wir nicht eben mal löschen. Aber wir können das Filtern lernen, neue Gedanken denken und damit andere, nun, wichtigere Gedanken und Bilder in den Vordergrund stellen, somit aktuell vernetzen und so uns auch ändern. Und an dieser Stelle bin ich so frei und behaupte, dass all der „Dateninhalt" unseres Gehirns, im Kern, unsere Seele ausmacht – nicht mehr und nicht weniger.

Die Seele vereinigt im Geist unser Wissen, unsere Sinne, unsere Gefühle, unser Denken, unser Handeln, unsere Instinkte und das Träumen. Unser Gehirn ist die Schaltzentrale des Seins und birgt unsere kostbare Seele. Unser Körper macht diese Schaltzentrale beweglich. Unsere Sinne lassen uns die Welt farbig, temperaturabhängig in 3 Dimensionen erleben.

Ich will an dieser Stelle noch in Erwähnung bringen, dass unser Gehirn uns in der Angelegenheit des „Müllproblems" unterstützt in dem es rund um die Uhr arbeitet und Unerledigtes, nachts in unseren Träumen verarbeitet. So ist es zu verstehen, dass uns plötzlich Gedankenblitze treffen und damit urplötzliche Lösungsangebote in unser Bewusstsein gelangen, wenn wir zum Beispiel morgens aufwachen.

Nehmen wir den Punkt, dass ich mich wohlfühle, wenn ich etwas geschafft habe. Ich also zufrieden mit mir bin, wenn ich das Erreichte mit meinen Gedanken und Bildern verglichen habe und sehe, dass alles so geworden ist, wie ich es mir vorgestellt hatte.

Da haben wir es ja schon! Wenn ich es mir vorstellen kann oder besser: es weiß, dass ich zum Beispiel eine Tapete an die Wand kleben kann und dazu noch gerade, dann bin ich zufrieden, wenn ich hinterher mein eigenes Ergebnis für gut befunden habe. Und hier wird noch klarer was ich vermitteln will: Jeder Mensch hat eine eigene Bewertung, was „gut", „schlecht", „gerade" oder „schief" ist. Sie werden mir darin Recht geben und mir folgen, wenn ich nochmals betone, dass die Welt der Welt sich in uns selbst abspielt und nirgendwo anders.

Unser gemeinsames Leben definiert sich somit aus den vielen Welten unserer Mitmenschen. Da kein Mensch gleich ist, ist unser Leben so bunt - hurra. Nur eineiige Zwillinge können „gleicher" sein! Nun, wenn alle ungleich sind, wie lösen wir dann Unterschiede auf und kommen in einigen Punkten auf den gleichen Hauptnenner, wie der Mathematiker sagen würde? Offensichtlich gelingt es einigen, manchmal auch vielen, aufgrund gleichgelagerter Verständnisse, auch Erfahrungen, so wie diese zu empfinden. Damit wird es dem Einzelnen möglich in einer Gruppe zu leben. Es gibt auch Dinge die uns alle berühren, sodass man vom kollektiven Selbstverständnis redet. So wird es klar, um ein wenig abzuschweifen, weshalb Esoteriker gerne von einem Kollektivbewusstsein sprechen.

Ich will hier verständlich machen, dass nicht ein imaginäres Überbewusstsein hier eine Rolle spielt, geschweige denn das es eines gibt, sondern gezielt jeder Einzelne sich bewusst für eine gemeinsame Sache entscheidet. Erst dadurch, dass der Einzelne in einem beliebigen Punkt so denkt wie sein „Nachbar", kaufen sich zwei Leute das gleiche Auto oder tragen das gleiche Vereinsshirt.

Unsere Natur hat uns so geschaffen, dass wir zwangsläufig in Überlebensfragen mit den meisten Mitmenschen harmonieren. Wir alle essen und trinken, da Ernährung ein Grundbedürfnis ist. In Fragen der Liebe, der Kunst oder anderen Schaffens unterschiedliche Wege gehen, gehen können und trotzdem immer wieder zusammenfinden.

An dieser Stelle möchte ich ein Hemmnis erörtern, einen Stolperstein des Lebens. Häufig begegnen uns Konflikte, die dadurch ausgelöst werden, dass wir andere Standpunkte vertreten, als der Partner. Was nun? Hier geht es konkret um Konfliktlösung. Nehmen wir den Fall, dass unser Lebenspartner einen Spaziergang machen möchte, wir selbst dies im Moment aber nicht wollen. So gibt es folgende Wege zur Lösung:

Ich überzeuge den anderen durch meine Argumente es nicht zu tun und appelliere damit an seine Vernunft, weil es draußen regnet. Oder der Partner überzeugt mich doch, die richtige Kleidung und den Regenschirm zu nehmen und es positiv zu sehen, weil es kein schlechtes Wetter, sondern nur unpassende Kleidung gibt.

oder

Ich schaue nochmals in mich hinein und komme zu dem Schluss dem Partner diesen Gefallen aus Liebe zu tun, obwohl ich keine Lust habe und somit die Unlust sich der Lust am Gefallen unterordnet und weggefiltert wird.

Hier wollte ich gezielt ein Beispiel für positive Konfliktlösung ansprechen. Es gäbe natürlich auch die Möglichkeit, als Unmensch mit der Faust zu überzeugen und damit den anderen so zu verängstigen, das er von seinem Ansinnen ablässt, da der Schmerz der Angst dann schwerer wiegt, als der Wunsch einen Spaziergang zu machen.

Wenn wir es wollen, können wir also Konflikte mit anderen positiv lösen. Uns selbst motivieren, neu filtern und uns damit überwinden, es intelligenter zu tun. Wir sind damit Herr unseres Selbst oder auch Herr der Lage. Anders betrachtet ist damit der Weg frei, sich nach außen öffnen zu können.

Nehmen wir folgendes Beispiel: Wir haben Angst vor dem Fliegen. Da wir von positiver Lösung sprechen, ist es angesagt, sich diesem Problem zu stellen. Es ist leicht verständlich, dass keiner sagen wird: „Toll, mit diesem Gefühl möchte ich alt werden", wenn ich doch einen Beruf habe, der mich viel reisen lässt, nein so reagiert wohl keiner. Angst ist ein Urinstinkt, der sich mit leidvoll beschreiben lässt. Somit entscheiden wir uns als erstes für den Lösungsweg des Verständnisses und damit des eigenen Verstehens. Also, Gehirn einschalten und feststellen die Angst erdrückt mich und vermiest mir meine Lebensfreude. Weiterhin entscheiden eine Lösung muss her, weil Flugangst mir nicht hilft, wenn ich als Geschäftsreisender meinen Lebensunterhalt verdienen will oder gerne in fernen Ländern meinen Urlaub verbringen möchte. Es wird nun wichtig, sich Partner zu suchen, die einem helfen können, herauszufinden, weshalb man von der Angst übermannt wird bzw., weshalb die eigenen Gefühle verrückt spielen. Am besten sucht man die Gemeinschaft mit Leidensgenossen und spricht darüber.

Kennen wir jetzt die Auslöser besser, für unser eigenes Gefühl, so werden wir nun daran gehen, uns gezielt die schönen Seiten bzw. die schönen Bilder des Fliegens für uns zu finden und anfangen diese in uns aufzunehmen. Auf diese Weise füllt sich die Waagschale der Glücksgefühle für das Fliegen mehr und mehr. Schaffen wir es dadurch unser inneres Empfinden auf positiv für das Fliegen zu stellen, werden wir mit der Zeit die Angst immer besser kontrollieren bzw. wegfiltern können. Und letztlich, werden wir sogar die Lust am Fliegen entdecken.

Um das Gesagte zu untermauern, möchte ich auf das Thema des Experten zu sprechen kommen. Wann ist ein Mensch in der Lage sich Experte nennen zu dürfen? Sicherlich nicht, wenn er nichts von einem bestimmten Fachgebiet weiß. Beherrscht er jedoch sein Metier, so hat er dieses durch lernen erarbeitet. Unser Gehirn hat nun große Datenmengen und Bilder auf diesem Gebiet abgespeichert. Das tolle an diesem ist auch, dass es dieses Wissen so intelligent abspeichert, dass man einen sehr schnellen Zugriff darauf hat. Diesen schnellen Zugriff können wir auch in Form von Intuition erfahren. Dies ist der schnellste Zugriff auf unsere Datenbank Gehirn. Der Experte kann also intuitiv und also schnell etwas entscheiden, wo der Laie staunt.

Resümee

Wir sollten lernen, uns selbst zu beherrschen. Mit dem Wort beherrschen ist alles gesagt. Wir tun gut daran, ein „Über-Ich", wie der Psychologe wohl sagen würde, zu entwickeln, also eine Kontrollinstanz in uns aufzubauen, welche die Angebote unseres Gehirns, wie spontane Gefühle, Ideen, Kreativität, Intuition oder Träume bewertet oder kanalisiert. Rufen wir etwas in unser Bewusstsein, dann sind wir Herr der Lage und können frei entscheiden. Hier wird der Künstler sicherlich protestieren, und ich gebe ihm recht, denn ich will dies nicht so verstanden wissen, dass wir unsere Persönlichkeit unterdrücken sollen, sondern will dies für den Punkt Zusammenleben verstanden wissen. Je früher wir lernen, an uns selbst zu arbeiten, desto früher werden wir dann auch zu unserem eigenen Experten. Wir versetzen uns damit in die Lage, aufrecht und selbstbestimmt ein zufriedenes Leben zu führen, das im Einklang mit unseren Mitmenschen, der Natur und damit mit uns selbst abfolgen wird.

Das Leben läuft wie und warum?

Hier will ich darauf aufmerksam machen, dass dieses alles nicht so wichtig wäre, wenn wir alleine auf dieser Welt wären. Dann bräuchten wir keine Sprache und könnten tun was wir wollten. Stellen wir uns das einmal vor! Lassen wir uns diesen Gedanken auf der Zunge zergehen! Folgen Sie mir, wenn ich sage, dass wir uns ausschließlich unserem natürlichen Überlebenswillen widmen würden? Ich denke schon. Aber unwillkürlich könnte es dann passieren, dass wir beim Betrachten des Sternenzeltes feststellen, dass dieses zu einer bestimmten Nachtzeit gleich aussieht. Wem teilen wir dann unsere Entdeckung mit? Wir sind ja fast gar nicht in der Lage dies auszudrücken, es sei denn, wir fangen an, dies aufzumalen.

Im zweiten Gedankenschritt stellen wir uns nun vor, dass wir einen Partner haben und als „Adam und Eva" leben und uns somit einem zweiten Menschen mitteilen können. Prima, jetzt malen wir ihr das Entdeckte auf und zeigen des Nachts dann auf unsere Entdeckung am Himmel und führen vielleicht einen Freudentanz auf, wenn wir aus den Augen des anderen Erstaunen sehen können und uns dabei ein Glücksgefühl überströmt.

Nun kommen wir zu weiteren Gedanken und stellen uns vor, wir haben Kinder und Kindeskinder. Wie teilen wir nun allen unser Wissen mit? „Uff-Laute" und Malereien sind viel zu unklar, sind nicht von Dauer. Malereien können verblassen und „Uff-Laute" sind unpräzise. Also entwickeln wir eine Sprache, die wir anderen beibringen können, die uns für ein Menschenleben begleitet und die wir lehren können. So versetzen wir dann durch Überlieferung eine zweite Generation in die Lage unseres Wissens. Vermitteln wir dieses Wissen sehr frühzeitig der nachfolgenden Generation, dann können die jungen Menschen diese Kenntnis mit neuen frischen Gedanken kombinieren und reifen lassen. So vermehrt sich das Bildung um die Welt, um das Miteinander und es entsteht auch Glauben, wenn das unbegreifliche erklärbar werden soll.

Ich will das Gesagte weiter untermauern. Erst entsteht ein Gedanke. Dann folgt der Austausch des Gedankens mit einem Partner. Dieser wird diesen prüfen und bewerten. Kommt er dann zu dem selben Ergebnis, wird er diesen zu seinem eigenen Wissen hinzufügen. Geht dieses Wissen nun zur nächsten, jungen Generation über, wird dieses „Basiswissen" im laufenden Reifungsprozess entweder so genommen „wie es ist" oder ergänzt und weiter ausformuliert. Jedoch bilden sich hier Unschärfen der Übermittlung, weil in jedermanns Kopf eine eigene Welt ist und die meisten gerne ihren eigenen „Senf" dazutun möchten. Wir alle kennen Kettengeschichten wie „Stille Post". Einer fängt an, sagt es dem Nächsten und so weiter. Der letzte sagt, was er gehört hat, und das ist dann völlig verändert. Deshalb ist es auch besser, Dinge vom Autor direkt zu erfahren bzw. seine Überlieferungen in Textform nachlesen zu können.

„Das geschriebene Wort ist also die beste Möglichkeit der Wissensvermittlung und wenn diese dann zusätzlich mit Bildern ergänzt wird, ist der Wissenstransfer perfekt. Zudem können Bilder mehr als tausend Worte sagen."

Entwicklungsgeschichte und die Sinnfrage

Zu irgendeinem Zeitpunkt unseres Seins stellen wir fest, dass wir in einer Menschengemeinschaft leben, aber niemand eine Antwort auf die Frage des Lebens hat: Wo kommen wir her, und wo gehen wir hin? Jetzt kommt unsere Phantasie ins Spiel, und wir entwickeln den Glauben. So entsteht in uns ein Gefühl der Geborgenheit und wir schützen uns vor dem Gefühl der Leere, der Sinnlosigkeit und entwickeln die Religion und Rituale, um mehr Klarheit im Leben zu erreichen. Ist dies wirklich mehr Klarheit? Das muss wohl jeder für sich entscheiden. Auf jeden Fall erhalten wir so einen glaubwürdigen Rahmen, mit dem die Meisten leben können. Niemand ist heute in der Lage diese Frage hier und jetzt auf Erden zu beantworten.

Nun, das Leben in der Vergangenheit entwickelt sich weiter. Wir werden mehr und mehr und wie soll man jetzt zusammenleben? Das Wissen wächst, und Stämme entwickeln sich zu Völkern. Stammesfürsten schließen sich zusammen und wählen ein Oberhaupt, den Monarchen, der dann die Interessen der Fürsten koordiniert. Aber es entstehen wiederum Konflikte mit anderen Monarchen. Konfliktlösung wird zu dieser Zeit noch klein geschrieben, und so schlägt man alles klein, wenn man stärker, als der andere zu sein glaubt und klopft sich auf die Schulter, wenn das Reich gewachsen ist. Die kriegerischen Zeiten dauern und dauern, weil das Volk dumm ist. Wie soll es auch an Bildung kommen, wenn die Medien für den Wissenstransfer noch nicht erfunden sind. Gelehrsamkeit bleibt dem Adel und den Orden vorbehalten. Wobei das Wissen im Bereich der Orden, durch die Mönche, stärker ausgebaut wird. Man kann auch nicht den ganzen Tag frohlocken, und so widmen sich die Mönche dem Aufschreiben und Sammeln von Informationen.

Irgendwann erfindet einer das Drucken, weil er sich von der Mühsal des Schreibens entlasten will. Nun brauchen Manuskripte nicht mehr abgeschrieben zu werden und der Wissenstransfer beginnt seinen rasenden Lauf. Plötzlich kommen Leute aus dem Volk an Bücher und lernen lesen, weil sie neugierig sind. Das gemeine Volk entwickelt Wissen, neue Konflikte entstehen, da man nun mündiger geworden ist und den Altvorderen nicht mehr alles glaubt. Das Regieren wird schwieriger. Das Volk lernt nun, dass es nicht immer in den Krieg ziehen muss, damit es wirtschaftlich besser geht.

Es entsteht schließlich die Demokratie - das Volk wird in Entscheidungsprozesse mit einbezogen. Wissenstransferzentren sind frei zugänglich. Jeder kann sich frei entwickeln, Hurra, – wirklich?

Kapitel 8 Wege vom Ich zum Wir

Das Leben im neuen Millennium

Das neue Jahrtausend ist angebrochen. Was aber bringt uns „diese Zukunft"? Nun sie wird uns gar nichts bringen, wenn wir Menschen nicht endlich bereit sind, alles für ein besseres Morgen zu tun. Wer sind die neuen Macher für eine bessere Zukunft? Nun, Sie, Sie oder Sie!

Aber leichter ginge es, wenn unsere Altvorderen sich mehr Gedanken um die Welt machen würden. Es wird Zeit, dass wir wirklich ein **Wir-Gefühl** entwickeln und verstehen lernen.

Alle Menschen – ohne Ausnahme – haben ein Recht auf ein gutes Leben!

Wir wissen um alle Dinge des Zusammenlebens, und es wird Zeit, die verkrusteten Strukturen aufzubrechen. Wie aber soll das gehen?

Zuerst stellen wir als Beobachter fest, dass unsere Welt aufgrund der Weltraumforschung überschaubarer geworden ist. Sie ist halbwegs rund und ihre Fläche ist endlich.

1. Problemlösung Überbevölkerung
Als Folge kann jeder erkennen, dass die Gefahr der Überbevölkerung gelöst werden muss und der Papst in die Wüs-
te geschickt werden sollte, wenn er weiter auf seiner Meinung beharrt, Empfängnisverhütung zu verbieten. Zu viele
Menschen schaffen zu viele Probleme. Das fängt mit dem
Flächenproblem an und geht einher mit Seuchen und Hun-

gersnöten – nicht auszumalen, was dann wäre. Nur die Chinesen sind mit dem Gebot der 1-Kindehe einen nur zu vernünftigen Weg gegangen.

2. Problemlösung Hunger

Es sollte nun klar sein, wie man die Hungerprobleme löst. Löst man die Überbevölkerung, dann gibt es auch weniger Hungerprobleme. Natürlich bedarf es auch der Hilfe zur Selbsthilfe in betroffenen Regionen.

3. Problemlösung Umwelt

Welch Irrsinn reiten unsere Industriebosse, welcher Irrsinn unsere Politiker, wenn sie die Umwelt systematisch zerstören lassen. Kein Privatmann würde auf die Idee kommen Erdöl in seinen Garten zu kippen oder seinen Müll beim Nachbarn abzuladen. Viel Schweiß und Arbeit hat das kleine Idyll gekostet, also wird jeder normale Mensch versuchen, es zu erhalten. Wie blöd sind wir dann immer noch, das Geschenk der Natur, unser aller Garten, unnötig zu verwüsten? Wälder werden einfach abgeholzt, und wir schauen noch zu. Offensichtlich haben wir uns die Natur nicht erarbeitet und spüren nicht die Zeit, welche die Natur gebraucht hat, um all ihre Schönheit zu entfalten. Wie mit dem „Klammerbeutel gepudert" fallen Argumente wie: Das ist unwirtschaftlich, das können wir nicht bezahlen und die meisten von uns akzeptieren das auch noch. Hier ist dringender Handlungsbedarf, die Dinge sinngerechter zum Wohle aller anzugehen. Man verschweigt nämlich die Folgekosten, was eine Regelkreisrechnung belegen würde. Also eine Rechnung, welche alle Herstellungskosten von der Entstehung der Rohstoffe bis hin zur Entsorgung bzw. einem Recycling beinhaltet.

4. Problem Weltpolitik

Es ist an der Zeit diese Gedanken weiter zu verbreiten. Es sollen sich Menschen finden, die ein Weltlogistiknetz entwickeln, die gemeinsame Ziele für ein besseres Miteinander formulieren. Es ist an der Zeit eine Weltkommission ins Leben zu rufen, die all das koordiniert.

Die Welt für ein besseres Morgen

Diese Welt kann sich nur aus einem gemeinsamen Verständnis aller Menschen für ein besseres, schmerzfreieres Miteinander oder besser Füreinander entwickeln. Schritt für Schritt sollte es vorwärts gehen, sollte sich das Einfühlungsvermögen hierfür gerade bei den „Reichen und Schönen" entwickeln. Einige Milliardäre haben es ja schon eingesehen. Geben ist seliger als nehmen, und noch schöner ist es, wenn einjeder sich etwas erarbeitet hat. Dann erst kann man das Erreichte richtig genießen. Es ist aus meiner Sicht im Menschen von Natur aus manifestiert, dass er etwas schaffen muss, um sich wohl zu fühlen und auch gebraucht zu werden. Dann können wir nämlich den Sinn des Lebens erfahren und nur dann. Ich möchte jetzt bewusst nicht auf den Bereich Sexualität zu sprechen kommen, da dies kein bewusstes Schaffen, sondern als zweitschönste Lebenserfahrung ein Sinnesrausch ist.

Das Heute, Hier und Jetzt

Schauen wir uns einmal unsere heutige Lebenssituation in unserer Gemeinschaft an. Hauptsächlich werden wir von Motoren gezogen, wie der Welthandel. Er hat seine guten Seiten, und selbst die Russen haben es endlich begriffen, dass der Kommunismus so nicht funktioniert, wie er von seinen Schöpfern entwickelt wurde. Es funktionieren ebenfalls auch keine Strukturen, wie Diktaturen. Es gibt dafür eine einfache Erklärung. Wir Menschen wollen nicht in unserem Schaffensdrang beeinträchtigt werden, in dem man uns in eine Zwangsjacke steckt. Man kann es auch so formulieren, dass Gewalt nur unnötig Gegengewalt erzeugt. Können wir jedoch ein relativ, freies Leben führen, sind der Kreativität weniger Grenzen gesetzt, und wir können uns entfalten. Aber was viel wichtiger daraus zu schlussfolgern ist, dass wir uns dadurch besser weiterentwickeln – die gesamte Menschheit sich besser reorganisieren kann.

Man muss sich nun fragen: Wie sollen denn die neuen Strukturen aussehen? Ich sage, es ist nicht notwendig alles genau vorherzuplanen. Es ist vielmehr wichtig Akzente zu setzen oder besser Impulse, die erreichen, dass verkrustete Strukturen aufbrechen, damit sich Kreativität entfalten kann. Man muss nur einen geeigneten Rahmen schaffen, der dem Ziel näherkommt friedlich miteinander zu leben. Es ist keineswegs sinnvoll so weiter zu machen wie bisher.

Wir Menschen haben durch unseren heutigen Wissensstand wichtige Werkzeuge in der Hand, die uns den Weg in eine bessere Zukunft ebnen können. Diese Chancen sollten wir besser nutzen. Es ist ein absolut positives Zeichen, dass jeder von uns heute fast die ganze Welt bereisen kann – selbst China hat sich geöffnet.

Die meisten wissen heute, dass Kriege keine Lösung sind. Scherzhaft formuliert: Hoffentlich weiß das auch der Feind! Hier sind wir auch schon beim Lösungsansatz. Wir stehen uns heute noch oft genug selber im Weg. Wenn wir hier vom Wort Feind sprechen, sollten wir bei uns selbst anfangen zu suchen.

Nehmen wir einen Nachbarschaftsstreit als Fallbeispiel. Kinder sind ja hier ein beliebtes Ziel. Sie machen eben ab und zu mehr oder weniger Lärm. Einer wird freudig reagieren und denkt an seine eigene Jugend. Ein anderer wird sinnlos schimpfen. Hierbei möchte ich nochmals auf den Punkt aufmerksam machen, dass jedermanns Welt in sich selbst seine persönliche Heimat hat, sich also in seinem eigenen Kopf abspielt. Wenn mehr und mehr Menschen das verinnerlicht haben, werden mehr und mehr Menschen verstehen, Konflikte besser zu lösen. Es ist die Frage des Miteinanders, die hier vorrangig zu behandeln ist. Das gros der Konflikte dieser Welt reduzieren sich auf Kommunikationsprobleme.

—

Um Profit zu machen, braucht eine Firma einen Wissensvorsprung.

Einmal kann sich dieser in neuen Produkten ausdrücken, die man dann feilbieten kann. Der Kunde entscheidet frei darüber, ob er sie kaufen möchte. Oder man nutzt diesen Wissensvorsprung aus, um seinen Handelspartner übers Ohr zu hauen, wenn er denn der Dümmere ist. Als humoristisches Beispiel: Ein Vertreter ist dann gut, wenn er den Eskimos Kühlschränke verkaufen kann. Hier wird deutlich, wie das Miteinander heute noch funktioniert. Ich, und ganz allein ich, muss mich entscheiden, ob ich mein Leben auf das Ausnutzen der Dummheit meiner Mitmenschen aufbauen will, um stinkreich zu werden, oder ob ich Ideen umsetzen möchte, die im kleineren finanziellen Umfang sowohl mir, als auch den anderen Vorteile bringen.

—

Stellen wir erst einmal fest, wie die Erde so funktioniert. Sie dreht sich „ganz von alleine" und unsere Natur, macht was sie will. Sicherlich kultivieren wir sie, um genug Nahrung für uns alle zu gewinnen. Stellen wir hier weiterhin fest, dass Ernährung die wichtigste Rolle in unserem Leben spielt. Sind wir also satt können wir uns frei entwickeln. Entfalten wir uns nun und brechen gemeinsam auf, um die Zeit nach dem „Essen" zu durchdenken. Im Wesentlichen handeln wir im Sinne des Warentausches und haben die Möglichkeiten des Tauschhandels durch die Einführung von Währungen erleichtert. Ob wir nun arbeiten gehen und unsere Arbeit gegen Geld eintauschen oder das Verdiente gegen Ware wechseln: Immer ist es ein Warentausch. Deshalb hat auch mal ein kluger Mann die Worte geprägt:

Weltfrieden durch Welthandel!

Er hat recht. Das allein reicht aber nicht aus. Man muss dazu wissen, dass wir das auch friedlich tun sollten. Der Unterschied zu den Jägern und Sammlern, die wir ja einst waren, ist lediglich, dass wir heute unsere Waren von demjenigen beziehen, der es rationeller kann als wir selbst. So müssen wir in unserer bunten Welt der Waren nicht alles selber herstellen, wie einst. Damit ist besser sichergestellt, dass jedermann auch das tun kann, was er am Besten beherrscht. Unser Miteinander ist dadurch weitaus bunter und vielfältiger geworden, als das vormals der Fall war. Hier liegt eine enorme Chance, immer das Beste zu bekommen, vorausgesetzt, wir lassen den Konkurrenzkampf weiterhin zu. Das schafft Anreize, die dazu führen, dass sich ein Produzent mit einem anderen messen lassen muss.

—

Halten wir hier an dieser Stelle noch einmal im Grunde fest, was wir auf Erden tun:

Alle Menschen essen.
Alle Menschen handeln.
Alle Menschen kommunizieren.

Lösungsansätze für ein neues Morgen

Eine Frage ist: Wie weit treiben wir es mit dem Umweltschutz. Grundsätzlich ist ein Gedanke an dieser Stelle sinnvoll: nämlich Produkte zu bauen die „ewig" halten. Würden wir das weltweit tun, wären infolge viele Menschen in der Lage ihre freigesetzten Kräfte für andere Dinge zu nutzen. Was würden wir dann aber tun?

Manifestieren wir an dieser Stelle eines jeden Menschen Recht auf ein gutes Leben. Halten wir ferner fest, dass kein Menschenkind was für seine Geburt kann - der Neuling wurde ja gar nicht gefragt. Halten wir weiterhin fest, dass die Schöpfung in unserem eigenen Interesse etwas Positives ist und damit jeder das Recht auf ein bestmögliches Leben hat. Kein Mensch hat es verdient geschlagen, gefoltert, geschändet oder überhaupt und wie auch immer gequält zu werden. Wenn wir diesen Gedanken in uns tragen, werden wir jedwede Erfüllung erfahren.

Um dieses Ziel zu erreichen, müssen wir umdenken lernen. Wir müssen den Samen des Guten verbreiten. Als erstes, meine ich, sollten wir alles daran setzen, den nachfolgenden Generationen den Weg in ein besseres Morgen zu ebnen. Fangen wir damit an, unseren Kindern all die bereits erwähnten positiven Werkzeuge in die Hand zu geben, die dafür geeignet sind, diesen Samen zum Blühen zu bringen. Im Wesentlichen sind dies die Fächer Kommunikation nebst Verhalten und Ethik, welche endlich an unseren Schulen unterrichtet werden sollten.

Warum beharre ich auf diesem Lösungsansatz? Nun, es ist das Wort, wie es auch schon in der Bibel steht, das uns Zivilisation ermöglicht hat. Als Zweites ist es aber das Wie – nämlich: wie das Gesprochene angewandt wird. Man sagt nicht zu unrecht, dass Worte einen erschlagen oder besser auch trösten können. Konnten sie mir bis hierhin folgen, dann werden sie das Weitere auch akzeptieren. Wenn also jeder Mensch ein Recht auf ein gutes Leben hat, warum gibt es dann im Hier und Jetzt Menschen, die es besser haben? Geld ist nicht alles, aber jeder braucht soviel, dass er, unter normalen Umständen, nicht in soziale Not gerät.

Die Schattenseite des Mammons ist es, dass es die Welt regiert oder besser von den Menschen, die ihn im Überfluss haben. Mit welchem Recht gibt es also Menschen, die im Übermaß leben? Ich sage: „Mit gar keinem Recht".

Es ist eine Tatsache, dass wir Ziele im Leben brauchen. Die meisten von uns schaffen es aber nicht, sich vernünftige Ziele zu setzen, geschweige denn sie zu erreichen. Wir sind somit darauf angewiesen, in einem funktionsfähigen Miteinander, dass es hierfür einerseits Schiedsrichter, andererseits „Leithammel" gibt. Bleiben wir hier bei den Leithammeln. Es ist nun mal ein Faktum, dass uns die Natur unterschiedliche Intelligenzgrade in die Wiege gelegt hat. Nehmen wir weiterhin an, dass sich diese Intelligenz nach der Gaußschen Normalverteilung verhält, dann können wir schlussfolgern, dass viele Menschen durchschnittlich intelligent sind und wenige Menschen herausragende Fähigkeiten besitzen.

Es ist ein natürlicher Prozess im Leben, sich das Leben leicht zu machen, indem man sich von einem, der es besser weiß, leiten lässt. Das Tierreich macht es uns vor, denn ohne Führung würde bald das Chaos herrschen.

Wir „Zivilisierten" leben heute in der sogenannten Leistungsgesellschaft. Ich finde es auch sinnvoll, dass Leistung honoriert wird, denn jeder sollte, sofern er dazu befähigt ist, sein Leben selbst in die Hand nehmen und gestalten. Dafür braucht es natürlich einen Antrieb und dieser Motivator wird in klingender Münze ausgedrückt - wer viel leistet, soll sich auch viel leisten können. Natürlich werden wir davon nicht abrücken. Es macht keinen Sinn und diese Erfahrung haben wir mit der roten Staatssoße (dem Kommunismus) und anderen Diktaturen gemacht. Das einzig wahre Leben funktioniert nun mal am besten, wenn Anreize da sind, welche uns Menschen beflügeln. Auf diese Weise entwickelt sich Kreativität eben optimal. Es wird in diesem Zusammenhang somit klar: Wer viel leistet soll auch mehr verdienen, entsprechend seiner Leistung und Verantwortung.

Man darf aber hierbei nicht vergessen, dass dies nur mit „intakten" Menschen funktioniert und dass leider heute noch Menschen am Rande der Gesellschaft leben und noch schlimmer, Menschen hungern. Wir sind doch mit dem Klammerbeutel gepudert, wie der Berliner sagt, wenn wir das so lassen. Das kann so nicht gut sein. Wenn ich auf meine Aussage zurückkommen darf: Jeder Mensch hat ein Recht auf ein gutes Leben! Hier müssen wir gemeinsam eine Lösung mit dem Ziel suchen: Allen ein menschenwürdiges Leben zu bereiten. Das kann nur funktionieren, wenn all diejenigen, die kräftig sind, den Schwachen unter die Arme greifen. Anders geht es nicht.

Sprechen wir nun von einem sozialen Netzwerk. In diesem Zusammenhang ist es wichtig festzuhalten, dass der Trend heute zeigt, dass die Kluft zwischen Arm und Reich – zur Unbill der Armen - immer mehr zunimmt. Ich vertrete diesen Standpunkt auch. Wenn wir uns klar darüber geworden sind, dass die Philosophen von einst, die Ansicht vertreten haben: Nur ein dummes Volk lässt sich gut regieren!, um den Reichen und Schönen zu gefallen, so haben diese Unrecht geschürt. Es wird damit anders herum auch gesagt: Versklave alle, und Du wirst in Saus und Braus leben! Es trifft durchaus zu: Wer hohes Risiko trägt, soll auch die Möglichkeit des Mehr an Geldes besitzen dürfen. Ein Teil davon braucht er, um sich einen Ausgleich für die Mühsal zu erkaufen. Aber mir kann keiner weismachen, dass er glücklicher ist, wenn er Wasser aus goldenen Hähnen schöpft.

—

Die letzten Taschen sind leer und so sollte auch das Erbrecht umgestaltet werden, das nebenbei bemerkt. Ich halte es nicht für notwendig, dass es Menschen gibt, die Milliarden erben und ihr Leben im sogenannten Luxus führen ohne auch nur einen Finger krummgemacht zu haben. Das tut ihnen selbst und der Allgemeinheit schon gar nicht gut. Das sogenannte dekadente Leben fördert keinesfalls unser gesellschaftliches Miteinander. Im Gegenteil, es spaltet das wichtigste Gedankengut für eine bessere Zukunft, dem „Wir". Es ist doch ganz klar, dass diesen Reichtum die sogenannte arbeitende Bevölkerung erwirtschaftet hat. Er sollte ihr daher auch zu Gute kommen. Kein Industrieller kann Geld ohne Arbeitnehmer erwirtschaften und nochmals:

Ohne die Anderen sind wir nichts!

Das moderne Zeitalter des Raubrittertums

Wenn ich von modernem Raubrittertum spreche, meine ich gesellschaftliche Tendenzen, welche so angelegt sind, dass der Besitz in unserem Staat im Übermaß gefördert wird. Man ist gut angesehen mit: mein Haus, mein Auto, mein Kapital. Doch wo führt das hin? Weg vom „Wir" und weiter zum Ich, ich, ich. Wer ichbezogen ist, ist einsam, und wer noch mehr „Ich" lebt, ist noch einsamer. Das wahre Leben kann man aber nur im „Wir" erleben. Gedanken austauschen; einander in die Augen sehen und deren Glanz spüren, wenn sie Liebe ausstrahlen; sich vor Freude in den Arm nehmen; Tränen der Traurigkeit beim Abschied weinen; sich begeistern lassen und, und, und ...

Doch wie sieht die Wirklichkeit im Alltag aus? Mehr und mehr hetzen zur Arbeit. Erfahren dort, dass man austauschbar ist. „Wenn sie nicht so wollen wie wir ...! - es stehen genug Leute vor der Tür, die Arbeit suchen". Das Gesetz des

Gebens und Nehmens oder das „Leben und Leben lassen“ ist durchbrochen. Oder wir erfahren, dass wir für die Tätigkeit viel zu hoch bezahlt sind. Das sind keine ertragbaren Zustände. Niemand sollte auf dieser Welt dem Gefühl ausgesetzt sein müssen überflüssig, ein Störfaktor oder Blutsaugern ausgeliefert zu sein. Es wird einem aber immer mehr das Gefühl vermittelt, als "Otto-Normal-Mensch" seinen Anspruch auf ein bisschen gutes Leben verwirkt zu haben. Mit anderen Worten ausgedrückt: Uns wird immer mehr und mehr vorgeführt, dass wir in eine „Hölle“ geboren wurden und unsere Volksvertreter sorgen auch noch dafür, dass dieser Haltung Tür und Tor geöffnet wird.

Soll es denn gottgewollt sein, den Frieden erst im Tod zu finden? Ich sage nein, nein und nochmals nein. Im Gegenteil: Wenn es jemand verdient hat ein Ticket für die Hölle zu bekommen, dann z.B.: korrupte Politiker. Nebenbei bemerkt: Jedermann kann Politiker werden, wenn ihm nur genug Leute zuhören. Kompetenz ohne Bildung – nein danke.

Kapitel 9 Neue Wege braucht die Welt

Politik am Ende!

Ja, sie ist es! Ich kenne heute keinen (Welt-)Politiker, der sich offen zu seiner Aufgabe als Volksvertreter bekennt und dafür sorgt, dass es dem Volk, das er vertritt, besser und besser geht. Offensichtlich versteht das heute keiner mehr. Es ist unendlich traurig, dass sich eine „Inzucht" gebildet hat, die sich Pöstchen zuschiebt und damit in die eigene Tasche wirtschaftet. Oder man widmet sich dem Geldadel, weil es ja so leichter ist, weiter zu kommen. Wohin führt das eigentlich? Nun dieser Weg führt direkt ins Chaos, weil irgendwann das Volk das Leiden satt hat und aufstehen wird. Das hat die Geschichte gelehrt. Wenn wir es also wissen, weil wir die Geschichte kennen, weshalb ändern die Altvorderen diesen Weg dann nicht. Ist es gottgewollt, dass wir immer noch aus Bauklötzern Lebenstürme bauen, um diese dann wieder einzureißen; wieder aufbauen und so weitermachen mit diesem Kinderkram?

Bezahlt wird der Politiker vom Volk, und dafür hat er Leistung zu erbringen, so wie man es von jedem einzelnen Arbeiter verlangt. Die Frage der gerechten Entlohnung ist eine ganz einfache:

In Arbeit investierte Energie x Lohneinheit = Leistungslohn!

Es ist an der Zeit, Politik messbar zu gestalten. Es ist übrigens eine Lüge, wenn jemand behauptet, dass dies in diesem Job nicht geht. Wenn ein Politiker ein Ziel erreichen will, muss er auf ein Ziel hinarbeiten. Und er wird dazu auch einen Weg finden müssen. An dem gegangenen (Um)Weg und dem erreichten Ziel, ist jeder Politiker messbar – Punkt, Aus, Ende. Demzufolge sind andere Behauptungen Unsinn. Diese Messbarkeit ist deshalb so wichtig, weil sich hier Chancen auftun die Zukunft erfolgsorientiert zu gestalten, da auch der Politiker dann mehr Klarheit hat.

Ich will das nun klar begründen. Jedes industrielle Unternehmen muss sich Ziele setzen, damit die Mitarbeiter wissen, wohin das Schiff steuert, und wie stark man den Kessel unter Dampf halten muss, um den Kurs zu halten. Mit welcher Ziellosigkeit heute Politik gemacht wird, schlägt dem Fass den Boden aus. Hätten wir eine starke Crew, würde diese nicht ständig das Schiff auf Grund setzen. Sie würde vorausschauend planen, sie würde Visionen bilden, die Zukunft zielorientiert gestalten und vor allem das Volk für diese Ziele umfassend werben.

Hierfür wird es enorm wichtig zu wissen, welche Bedürfnisse das Volk heute und zukünftig haben wird. Die Bedürfnisse des Volkes heute zu benennen, sind kein Problem. Jeder hat ein Recht auf ein gutes, liebevolles Leben und dazu gehört in erster Linie Arbeit. Niemand möchte Sklaverei! Wer arbeitet, wird auch gerecht entlohnt, und wer entlohnt wird, kann sich ernähren und sollte dann noch genügend Reserven haben, um sich kreativ an der Aufgabe Familie, Partnerschaft - und dann folgend - der Gemeinschaft widmen zu können.

Ich möchte hier noch einflechten, dass Menschen, die sich nicht selbst versorgen können bzw. nicht das Leistungsvermögen haben zu arbeiten, natürlich auch ein Recht auf ein gutes Leben haben. Die Gesellschaft muss diese liebevoll auffangen.

Was die Politik für die Zukunft tun sollte, ist eigentlich auch nicht so schwer zu erraten. Sie soll dafür sorgen, dass es uns zukünftig besser geht. An dieser Stelle möchte ich das „Besser" genauer bestimmen – hierzu wiederhole ich auch zuvor Gesagtes.

Jeder Mensch, behaupte ich, braucht die Geborgenheit, die ihm anfangs Mutter und Vater geben, ein ganzes Leben lang. Vor allem in der Not braucht man eine Gemeinschaft, in der man Unterstützung findet. Folglich brauche ich sogenannte soziale Kontakte. Soziale Kontakte: ein unbehagliches Wort, finde ich, ist schematisiertes Geschwafel. Ich brauche Freunde. Menschen die ich mag, und die mich mögen, die nicht fragen, wieviel Geld ich in der Tasche habe - Menschen die wissen, was Liebe, Trauer, Schmerz und Glück bedeuten. Einfach Menschen, die Herzensbildung besitzen und die einen in der Not auffangen und in den Arm nehmen können.

Der Neuanfang

Da habe ich doch das Wort Herzensbildung wieder mal in den Mund genommen. Woher kommt diese Bildung? Nun ganz einfach von Menschen, die sie uns vorleben. Wie aber bekommen Menschen die Chance auf eine solche Bildung? Nun, ganz einfach: im ersten Schritt durch die Eltern. Wir aber wissen, dass es leider in der Realität nicht immer so ist. Wenn es denn Eltern gibt, die diese Herzensbildung nicht haben, wenn es denn so ist, dass es keine intakte Familie gibt, braucht das heranwachsende Kind ein andere

Quelle – so einfach. Demzufolge brauchen wir eine professionelle Quelle und diese kann nur die Schule sein.

Wir verbinden immer das Wort Schule mit dem Wort Lehrer und das Wort Lehrer mit dem Wort Pädagoge. Pädagogen sind dem Namen nach Erzieher. Tatsächlich sind Lehrer heute jedoch Menschen, die nach dem Gießkannenprinzip Wissen verteilen. Sie sind Glied einer Lernfabrik, die hauptsächlich Grundwissen bzw. das sogenannte Allgemeinwissen vermitteln. Ich möchte hier nicht missverstanden werden. Es gibt immer Ausnahmen und Menschen die über den Tellerrand schauen. Was ich meine, ist das große Ganze. Dieses ist so nicht ausreichend. Wir brauchen mehr als das. Unsere Kinder, insbesondere benachteiligte, brauchen Liebe. Diese können aber nur herzensgebildete Menschen geben. Also brauchen wir erweitertes Wissen darum, das in der Schule unterrichtet wird. Dazu muss man natürlich die Lehrkräfte vorher entsprechend ausbilden. Grundsätzlich alle. Im speziellen sollte man jedoch gezielt Kräfte einsetzen, die wissen was richtig miteinander umzugehen heißt. Dafür brauchen wir neue Lehrfächer wie Kommunikation, Verhalten und Ethik, so einfach. Kommunikation: Wie sage ich es richtig. Verhaltenserziehung: Wie reagiere ich richtig, und wie gehe ich liebevoll mit meinen Mitmenschen um. Ethik: Wie setze ich sittliches Wollen und Handeln um.

Was Du nicht willst, das man Dir tu, das füg auch keinem andern zu!

Also brauchen unsere Heranwachsenden diese neuen Fächer, so einfach. Hier sollen die Kinder die Unterschiede zwischen dem eigenen **Ich** und dem positiven Miteinander, dem „**Wir**", verstehen lernen. Eigentlich ist es unverständlich, dass ich mich hier hinsetzen muss, um selbstverständliche Dinge zu vermitteln. Aber leider ist unsere Welt noch weit vom „Wir" entfernt. Auch deshalb habe ich mich entschlossen, dieses Buch zu schreiben.

Letztlich brauchen wir noch ein neues drittes Fach, nämlich das der Umweltbildung Rechnung trägt. Dieses Fach soll jedem Schüler ermöglichen, die Schöpfung bzw. die Natur richtig zu verstehen, auch die Erde bis hin zum All, um sich besser auf unserer Erdenwelt einordnen zu können. Das Fach Religion sollte unseren Kindern vor allem einen Überblick über die Weltreligionen und deren jeweilige Ziele geben. Man muss hier, gerechterweise, über den Tellerrand schauen und nicht einfach evangelischen oder katholischen Unterricht geben, weil es regional so üblich ist. Es also keinen Sinn, unreifen Kindern glaubhaft zu machen, in dieser Frage, ihren Vorvätern nachzueifern. Wählen darf man ja auch erst mit 18, weshalb dann nicht auch in dieser wichtigen Frage. Dadurch wird es dann auch besser möglich zu einer starken Weltgemeinschaft zusammenzuwachsen. Wir alle sind Weltbürger und nicht beschränkte „Ländler".

Und zuletzt sollen die Klassen wieder kleiner werden, bis zu einer dem Alter angemessenen Größe. Die Klasse muss fürs Kind noch überschaubar sein, und es dem Lehrer ermöglicht intensiver mit den Kindern zu arbeiten, so einfach.

Investiert in unsere Kinder und unser aller Welt wird eine Zukunft haben!

Deshalb sollten wir umdenken und unsere Kinder nicht zu Gesellschaftsrobotern, sondern dem Leben zugewandten, selbstbestimmten, offenen, kreativen Menschen erziehen. Hier fehlt eindeutig ein Strategiepapier, das sich alle Menschen auf die Fahne schreiben können. Hier mein erster Vorschlag:

Wir sollten:

Mit einer Weltsprache unsere Gedanken einander näher bringen:
über die Liebe
über die Kulturen
über die Religionen

Die Natur besser verstehen lernen, um in ihrem Regelkreis leben zu können:
sich integrieren
wenig Schmutz erzeugen
Abfall schadensfrei regenerieren

Lebensmittel herstellen die natürlich sind:
keine Massentierhaltung
keine Genmanipulationen
Multikulturen statt Monokulturen

Ärzte die ganzheitlich behandeln:
freie Behandlungswahl
Welt-Medizin-Experten-Datenbank
Ärzte die nach dem Gesundheitsindex der Bevölkerung bezahlt werden

Alle Neuentwicklungen mit effektiver Nutzung der Ressourcen gestalten:
der Beste gewinnt die Lizenzrechte
Lebensdauer statt Sollbruchstellen
verständliches Design
Innovationen schnellst möglich integrieren

Unsere Zukunft besser gestalten:
Ideenfabriken
Innovationsfabriken

Freizeit und Mittel zur Selbstentfaltung:
Spaß haben
Leben, Lieben, Leiden
Romantik, Abenteuer, Sehnsucht

So leben, dass niemandes Seele verletzt wird!

Neue Strategien

Wie gesagt ist es heute immer noch so, dass die Welt nach dem einfachen Prinzip des Geldes regiert wird.

Ein typisches Beispiel ist die Massentierhaltung. Die Unternehmen versuchen so viele Tiere auf kleinstem Raum, wie nur irgend möglich zu züchten. Des weiteren werden alle Futtermittel so eingesetzt, dass die Tiere so schnell wie es geht aufs Verkaufsgewicht gestopft werden. Das hat zur Folge, dass die Tiere unter Bewegungsmangel leiden und aufgrund der Enge psychisch gestört sind. Sie werden ihrem natürlichen Lebensraum entzogen und viel schneller krank. Auch wässriges Fleisch ist die Folge. Das schlimmste jedoch, ist die Tatsache, dass durch die Enge, Krankheiten, die früher im Einzelfall auftraten, sich nun rasant verbreiten können. Gott lob den Antibiotika, ha-ha. Inzwischen sind u.a. Erreger resistent und können so unerkannt an den Verbraucher geraten. Hurra dem schnöden Mammon. Um die Sache nun in den „Griff" zu bekommen, wird uns weisgemacht, dass Wissenschaftler nachweisen können, dass dem nicht so wäre. Für wie blöd hält man uns eigentlich? Wo ist der gesunde Menschenverstand geblieben. Wie viele Tiere müssen noch elend verenden, bevor wir das Offensichtliche akzeptieren, um es zu ändern. Es ist eine Geschichte aus dem Tollhaus, dass Unternehmen mit menschenmordender Profitgier ungestraft davon kommen. Hier muss drastisch umgedacht werden. Da geht nur das Eine: Zurück zur gesunden Tierhaltung. Weshalb verarbeiten Gourmetrestaurants nur Fleisch von traditionell gezüchteten Tieren? – das sollte uns zu denken geben. Werden sie im eigenem Interesse schlau! Lassen sie sich nicht auch mit faulen Lebensmitteln stopfen!

Wir wollen <u>Lebens</u>mittel zu unserer Gesunderhaltung!

Da ich hier das Thema Lebensmittel, in dem das Wort Leben steckt, angeschnitten habe, nun zu der Tatsache, dass der Mensch eine Biomaschine ist. Wir ernähren uns heute leider nicht mit Lebensmitteln im Sinne der Natur, sondern werden mit unsinnigen Industriedesignerprodukten vollgestopft, ja, vollgestopft und regelrecht überschwemmt. Beim Auto versteht jeder, dass er regelmäßig einen Ölwechsel machen muss, denn: Wer gut schmiert, der gut fährt. Im eigenen Fall muten wir dem Körper unnötigen Dreck zu, ja teilweise soviel, dass dieser krank wird und in einigen Fällen den frühen Tod mit sich bringt. Aber das ist ja ein Prozess, den keiner so schnell durchschaut, da das Schwächeln des Körpers schleichend einsetzt und wir daher eigentlich nicht so genau wissen können woher das nur wieder kommt, wenn wir erkranken. Diesen Umstand nutzen unsere Unternehmer wissentlich brutal aus. An dieser Stelle hilft aber ein Gedankenansatz, der gut nachvollziehbar ist:

Vorbeugen ist immer besser als heilen!

Ernähren sie sich also natürlich und sie werden sich mehr und mehr besser fühlen!, meine These.

Natürlich sollte sich jeder gesunde Ernährung leisten können. Es ist ein Hohn, dass dies nur Finanzstarken zu kommen soll, und wir hinterher auch noch die Krankheitskosten, aufgrund mangelhafter Ernährung, aufgebrummt bekommen.

Nun zum eigentlichen Thema zurück: Geld regiert die Welt. Solange dies so bleibt werden wir weiterhin im „Ich" verharren. Seit es Münzen gibt, ist der Weltmotor und heute mehr den je, derjenige der das Geld hat. Es geht hier auf Erden nicht um das Paradies, sondern darum wer Reich und Schön ist. Der Geldadel zieht an einem Strang, und bläut uns ein, ja auch mitzumachen. „Mein Haus, mein Auto, meine Jacht" tönt es aus der Werbung. Apropos Werbung, jeden Tag werden wir mit solchen Themen zugemüllt: Kauft, kauft, kauft doch um Gotteswillen! Kaufen macht nicht das wahre Leben aus. Kaufen ist nur eine Ersatzbefriedigung, wie man so sagt, es sei denn, man braucht etwas zum täglichen Leben oder Überleben.

Die schlimmste Form des Kaufens und Verkaufens ist der Aktien- bzw. der Börsenmarkt. Das Problem sind hier nicht Kleinaktionäre, sondern Geldsüchtige, die hier ohne größere Anstrengung versuchen, sich, auf Kosten anderer zu bereichern. Also nun mal Klartext. Es macht aus meiner Sicht keinen Sinn, so weiter zu machen wie bisher. Was tun diese eigentlich also heute? Diese Leute schaufeln Geld hin und her oder versuchen es. Was kommt dabei heraus? Der eine wird steinreich und der andere ärmer oder umgekehrt mit der Tendenz, dass wenige noch reicher werden und viele immer ärmer. Für die Wenigen mag das ja angenehmer sein, wenn man nicht jeden Groschen 2 mal umdrehen muss. Für die Meisten aber ist Leben so sehr beklagenswert, weil, wenn sie nicht im Lotto gewinnen, immer im Dreck bleiben. Auch ihre Kinder werden so keine Chance auf Besserung haben. Es gibt keinen vernünftigen Grund, warum es den Armen nicht besser gehen soll. Mit welchem Recht sind Reiche reich und Arme arm? Nun ich sage mit gar keinem Recht.

Das Einzige was man positiv in einer Demokratie sagen kann, dass dieses System zwar nicht das Beste ist, wir aber hier auf Erden halbwegs in Frieden leben, sofern es die aufgeklärten Länder betrifft. All diejenigen Länder nämlich, die ihren Bürgern Wissen nicht verweigern. Trotzdem ist dies kein Argument das Bestehende beim Alten zu lassen, wenn man es allen hier auf Erden erträglicher machen kann. Schließlich gibt es selbst in den aufgeklärten Ländern immer noch zuviel ungerechtfertigte Armut. Ferner müssen obige erwähnte Tendenzen: Nur wenige werden immer reicher, was ja, wie gesagt heißt: Immer mehr Menschen werden Ärmer, gestoppt werden. Dies heißt mit anderen Worten auch und ganz konkret, dass die Sklaverei immer noch nicht abgeschafft ist. Um mich noch verständlicher zu machen, unser System heute heißt: Einer trommelt und alle verrichten ihre Arbeit im Takt - immer schneller, immer höher, immer weiter. Wie weit soll also das Ganze noch so gehen. Der Volksmund sagt:

Man kann den Bogen nur spannen, bis er bricht!

Was wir wirklich brauchen, ist mehr Licht, mehr Liebe, mehr Leben. Aus diesem Grund brauchen wir einen neuen Antrieb, der uns zum Besseren Morgen führt. Hierfür brauchen wir klare Ziele, mit denen sich die meisten Menschen identifizieren können. An dieser Stelle wage ich den Versuch von Formulierungen:

Alle erwachsenen Menschen tragen auch Sorge für eine bessere Zukunft - zum Wohle aller!

Alle Menschen sind gleich – keine Rassendiskriminierung!

Alle Kinder haben das Recht auf Chancengleichheit – Bildung ohne Einschränkung!

Jeder Mensch hat ein Recht auf Arbeit!

Jeder Mensch hat ein Recht auf ein gutes, liebevolles Leben! - ohne Wenn und Aber.

Um diesen Zielen näher zu kommen, sind natürlich Umdenkprozesse erforderlich. Hierfür will ich aber das Leistungsprinzip nicht außer Kraft setzen. Wer hierfür viel leistet, soll auch ein mehr an Kaufkraft haben, aber nicht soviel, dass er Gefahr läuft, mit seiner Finanzstärke, andere Menschen manipulieren zu können. Eine einfache Regel fällt mir hierzu ein:

Gemeinnutz geht vor Eigennutz!

Eine Grundvoraussetzung sind neue Konzepte zur Nahrungsverteilung. Es scheint mir unerträglich, dass heute Lebensmittel vernichtet werden, wenn es noch Menschen gibt, die Hungern müssen. Wer zuviel produziert, soll in Regionen exportieren, die zu wenig haben. Ferner soll den Menschen, solcher Regionen, Hilfe zur Selbsthilfe angeboten werden. Also, das Problem vor Ort lösen.

Das erste große Ziel: Alle Menschen satt machen!
– dann sind diese auch lernfähig.

Parallel hierzu möchte ich auf das Problem, dass ich bereits erörtert habe, zurückkommen. Es ist die Überbevölkerung. Es kann für einen Wissenden keine Frage sein, dass es auf einer bestimmten Fläche/Lebensraum, nur einen maximalen Ertrag an Nahrung geben kann.
Diesem Flächen-/Nahrungsindex, kann dann eine maximale Bevölkerungszahl zugeordnet werden. Es ist jedoch nicht sinnvoll, diesen Index auszureizen. Hierfür sollen noch weitere Faktoren eine Rolle spielen:

Flächen-/Nahrungsindex
Zur Ermittlung der max. Bevölkerungszahl pro Region

Umweltindex
Zur Ermittlung der notwendigen Flora & Fauna Flächen

Industrieindex
Zur Ermittlung möglicher Arbeitsplätze

Emotionalindex
Zur Ermittlung des Bevölkerungswillens

Regionalindex
Zur Ermittlung der umweltgerechten Bevölkerungszahl

Und schon habe ich ein Projekt kreiert, für das es sich lohnt zu arbeiten. Hilfe zur Selbsthilfe mit einem Wissenstransfer vom Herzensgebildeten zur Regionalbevölkerung aller vorrangig bedürftigen Länder. Es geht mir hier nicht darum „Eingeborenen" etwas überzustülpen, sondern darum Wissen zu transferieren, das diese dann in die Lage versetzt werden, selbst das Beste für sich, in einem eigenen Entwicklungsprozess, zu finden. Des Weiteren ist es unerlässlich die Frage der Geburtenregelung, im Einklang mit der Bevölkerung, zu lösen.

Es ist schon so, dass man hier sicherlich Parallelen zum Wort Missionarsarbeit finden kann. Wobei es mir hier nicht um Christentumsvermittlung, sondern um Wissen geht, das dem Weltwissen entspricht – also einer Allgemeinbildung über die Welt und ihre Möglichkeiten, wie ich es auch schon vorher beschrieben habe.

Dadurch eröffnen sich folglich neue Wege, die ausreichend Arbeit für alle Menschen mit sich bringen. Auf einmal geht es nicht mehr darum, die Erfolgspyramide emporzuklettern und darunter Stehende nieder zu trampeln. Sondern es geht darum, zum Allgemeinwohl aller Menschen beizutragen. Ich denke, dass dieses Ziel keine Utopie sein muss und es an der Zeit ist, den heutigen, menschenmordenden Kapitalismus zu wandeln. Ich vertraue auch darauf, dass sich evolutionär immer das Gute durchsetzt und darauf, dass dies sehr vielen Menschen Spaß und Befriedigung bringen würde, in diesem Sinne zu wirken und sich dadurch Möglichkeiten eröffnen, ein sinnerfülltes Leben zu führen.

Statt menschenmordender Machtspiele – lebensfördernde Welterhaltung!

An dieser Stelle möchte ich eine Lanze für die „Pennbrüder" unserer Welt brechen. Es sind Menschen, die es nicht geschafft haben, sich in unserer Welt einzuordnen – was mich auch nicht wundert. Wir haben nicht das Recht, darüber zu lachen oder diese Menschen zu verachten. Wir Wissenden und unsere Altvorderen haben dies zu verantworten. Jeder vernünftige Vater wird seinem Kind helfen, wenn es in Not ist. Warum tun wir es dann nicht mit diesen Menschen? Für notleidende Kinder haben wir ein Herz, weshalb dann nicht auch für diese, notleidenden Mitmenschen. Helfen wir Ihnen doch, in dem wir gemäß eines Kinderdorfs, auch ein Bürgerdorf für Notleidende anbieten.

Das zweite große Ziel: Den Wissensdurst stillen.

Die Hauptfrage von uns Menschen ist doch die Frage nach dem Sinn des Lebens bzw. nach dem Woher und dem Wohin. Ob wir diese Frage jemals lösen, sei dahin gestellt, aber die Ausrichtung darauf entwickelt Forscherdrang und wir werden daher niemals müde werden das zu erkunden, denn jede Erkenntnis schafft neue Fragen. Das ist auch nicht schlimm, denn es wird Generationen weiterbeschäftigen. Bereiche wie die Technik, die Medizin u.a., werden sich, aus dieser Grundmotivation heraus, zwangsläufig weiterentwickeln.

Das dritte große Ziel: Frage der Geldverteilung lösen.

Kapitalistische Länder haben einen Währungstopf, der die Kaufkraft des Landes wiederspiegelt. Zusätzlich hat man dieses Kapital, zum Teil, in Goldreserven hinterlegt. Aber das nebenbei.

Betrachten wir die Welt und ihre Länder. Gehen wir nun davon aus, das jedes Land gemäß seinem Wissensstand, im Verhältnis seiner Einwohner, bewertet wird und dem gemäß seinen Anteil an einer einheitlichen Weltwährung, bezieht. Dann würde jedes Land dem aktuellen Stand nach, einen Staatshaushalt haben und natürlich entsprechend, deren Firmen auch. Alle Arbeitenden würden dann Ihrem Wissensstand nach bzw. ihrer eingesetzten Energie entsprechend entlohnt werden. Wobei sowohl geistige, als auch physische Energie darunter zu verstehen ist. Hierbei sollte geistige Energie etwas höher bewertet werden. Das geistiges Gut höher zu bewerten, hat den einfachen Grund: Nur durch Wissen/Bildung, kann die Veränderung zu einer besseren Welt erfolgen.

In Arbeit investierte Energie x Lohneinheit = Leistungslohn

Hat das jeweilige Land mehr Arbeitskräfte, als der Landesarbeitsmarkt benötigt, löst sich dieses Problem durch Einsatz dieser Menschen in Ländern, die Unterstützung benötigen. Zusätzlich soll gelten: Wer mithilft, die Welt von Morgen besser zu gestalten, wird entsprechend höher entlohnt. Hinter diesem Gedanken steht ein einfaches förderalistisches Prinzip.

Jeder Mensch sollte jedoch einen Anspruch auf ein Grundgeld haben, sodass er sich gut ernähren, und seine Gesundheit erhalten kann. Ich bin davon überzeugt, dass in der Regel, solche Menschen dann ihren Tatendrang von ganz allein entwickeln, um im Kreis der Tätigen sich einen größeren Teil des Kuchens abschneiden zu können.

Mir ist der Gedanke wichtig, dem „Wir" näherzukommen. Jedem Menschen sollte bewusst sein, dass wir alle lernen müssen, am selben Strang zu ziehen. Nochmals: Heute ist der Motor dieser Welt das menschenmordende, egoistische Prinzip der freien, „sozialen?" Marktwirtschaft. Unzählige Menschen versuchen leider, andere übers Ohr zu hauen. Typisch hierfür sind, wie gesagt, Börsen- und Bankgeschäfte. Ein anderes, wenn Produkte verkauft werden, die nichts taugen, man Geld investiert und die Ware enttäuscht wegschmeißen muss. Ein herausragender Repräsentant für ein solches Produkt vergangener Tage, war der Ablassbrief der katholischen Kirche. Hier wurden dumme Reiche, für entsprechend hohe Summen, per Ablassbrief von ihren Sünden befreit. Unglaublich aber wahr!

Ich will mit dem Gesagten die Marktwirtschaft nicht abschaffen. Natürlich braucht die Welt Händler, die Waren importieren und exportieren. Was wir jedoch nicht brauchen, sind Aasgeier.

Ein anderes Beispiel für modernes Raubrittertum, ist es, Beschäftigung in Drittländer zu geben, welche diese Produkte für ein „Butterbrot" herstellen. Dadurch entzieht man dem eigenen Land die Arbeit. Besser ist es die Produkte in Lizenz regional bauen zu lassen und dafür Einnahmen erhält, weil man seine Ideen verkauft hat. Man braucht sich bei solchen Produkten auch nicht mehr über Im- und Export Gedanken zu machen, weil ausschließlich diese Produkte, in jedem Land gebaut und verkauft werden. Damit bleibt die Arbeit im eigenen Land. Das macht insofern Sinn, dass jeder arbeiten kann der will. Im- und Export soll nur für Produkte stattfinden, wie typisch bei Früchten, die nur in bestimmten Regionen wachsen können. Die Preise für alle Produkte sind dann prinzipiell weltweit gleich, nur die unterschiedlichen Transportkosten wirken sich aus.

Konkurrenz belebt ja bekanntlich das Geschäft. Dies soll auch so bleiben. Macht zum Beispiel der Lizenzinhaber, statt des Erfinders, einen sinnvollen Verbesserungsvorschlag, wird dieser weltweit eingeführt und diesmal erhält der Lizenzinhaber die Einnahmen für diese Verbesserung. Genauso soll jeder Mensch das Recht haben, jedwede Produkte zu verbessern und damit auch die Früchte zu ernten. Um neue Innovationen zu fördern, sollte eine Erfinderbörse eingerichtet werden, wo schlaue Köpfe ihre Innovationen vorstellen und verkaufen können. Nebenbei bemerkt: Ich möchte nicht wissen, wie viele ungenutzte Patente in den Schubladen von Industriemagnaten schmoren.

Natürlich soll die Welt schön und bunt sein – so auch die Produkte. Jedermann soll weiterhin Produkte designen, die ideenreich und attraktiv sind. Die Technik die man einsetzt, sollte maximal umweltgerecht sein und voll recyclebar. Wir wollen doch unsere Welt nicht wie Kleinkinder zerstören, sondern ihre Ressourcen sinnvoll nutzen. Hierfür einige Beispiele: Nehmen wir den Kühlschrank. Das Kühlaggregat ist die Kerntechnik. Dieses hat einen sogenannten Wirkungsgrad. Man sollte deshalb, weltweit, immer Aggregate verbauen, die bei geringstem Stromverbrauch, die beste Kühlung erreichen. Des Weiteren ist der Bau unterschiedlicher Energieklassen, was das Gehäuse betrifft, einfach Unsinn, wenn man wirklich unsere Umwelt schonen will. Das bisschen mehr an Wärmedämmung kostet Pfennige – Schluss mit der Verarsche.

Wir brauchen auch keine Produkte mit sogenannten Sollbruchstellen. Als Beispiel dafür: Meine Waschmaschine jaulte und krächzte. Ursache waren ein paar Wassertropfen aus der Waschmaschinentrommel, die in das Trommelkugellager drangen, dieses Lager rosten ließen, sodass es kaputt ging. Hätte man jedoch hier ein vollgekapseltes, wasserdichtes Simmeringlager eingebaut, damals für 20 Pfennig mehr, hätte die Waschmaschine weitaus länger gelebt. Ein letztes Beispiel: Ein Speicherchip mit viel zu geringem Datenvolumen, der beim Kauf einer Digitalkamera beigelegt wird. Kein Fotofreund kann damit leben, wenn er darauf nur ein paar Bilder unterbringen kann. Also liegt dieser, entweder Zuhause rum oder landet im Müll, weil der Kunde sich verständlicherweise einen weit größeren zulegt – welcher Irrsinn.

Natürlicherweise können Produkte nicht ewig halten, was auch keinen Sinn machen würde. Aber sie sollten länger halten, als der sogenannte Produktzyklus (Zeitraum bis neue Technik marktreif ist), damit der Kunde selbst entscheiden kann, ob er neuere Technik möchte oder nicht. Ein interessantes Beispiel zum Thema ewig haltende Produkte: ist die Glühbirne. Ausschlaggebend für die Lebensdauer ist deren Glühwendel. Macht man diese entsprechend dick, hält sie ewig – aber es kommt kaum noch Licht raus, weil sie nur noch glimmt, statt hell zu leuchten, was wir ja eigentlich nicht wollen. Das richtige Maß an Haltbarkeit sollte also ausgewogen sein. Doch das nebenbei.

Weshalb gibt es Produktion?

Nun ganz einfach. Wenn wenige Menschen genug Nahrung für Viele herstellen können – was machen dann die anderen? Sie haben die Zeit, Produkte herzustellen – so einfach.

Natürlich sind somit auch genügend Menschen frei, die sich in Wissenschaft und Forschung Früchte verdienen können. Gerade in der Medizin haben wir noch enormen Nachholbedarf. Allein der Wahnsinn, dass man sich bei Behandlungen nach der Krankenkasse richten muss, statt nach den eigenen Bedürfnissen. Wir sollten diese unproduktiven Institutionen abschaffen. Jeder Arzt bekommt ein Grundgehalt und einen Leistungsbonus aufgrund der Anzahl der behandelten Patienten, die dem Arzt eine erfolgreiche Behandlung testieren. Schließlich ist die Gesundheit das höchste Gut, das der Mensch auf Erden hat. Deshalb soll sich jeder Patient auch bestmöglich behandeln lassen können. Statt in unsinnige Krankenkassenbürokratie wird, ohne Kompromisse, direkt in die Gesundheit investiert.

Was wird dann aus den Tausenden dieser Mitarbeiter. Nun es gibt genügend Probleme auf dieser Welt und eine Weltarbeitsorganisation kann pro Jahr entscheiden wo und wie diese gelöst werden sollen und schon gibt es wieder Arbeit. Und wenn die Welt alle Probleme gelöst hat, mal ins Extrem gedacht, dann werden wir es alle ein wenig ruhiger angehen lassen können – wann wird das wohl soweit sein?

Mal ehrlich, wofür ackern wir denn immer schneller, immer höher, immer weiter? Immer mehr werden unzufrieden und verlieren die Lust am Leben. Dieses tun wir nur für die wenigen Superreichen. Das ist nicht gerecht, das macht keinen Sinn, denn das ist Egoismus in reinster Form.

Alle Menschen haben das Recht auf ein gutes Leben – das ohne jeden Vorbehalt!

Kapitel 10 Um Gotteswillen, wie funktioniert das wohl?

Als erstes brauchen wir Menschen mit Einsicht zur Umkehr. Menschen die das „Wir" wollen und ja zu einer besseren Welt von morgen sagen. Jeder sollte hier mitmachen, der zu der Einsicht gelangt ist: Es kann so nicht weitergehen!

—

Ein gutes Beispiel dafür, wie es nicht sein sollte, sind die Armeen in dieser Welt und das mit ihnen verbundene Konfliktpotential. Des Staates liebstes Kind ist die Armee. Sie soll der Schutzschirm sein, der das Volk nach außen verteidigt gegen die Widersacher in dieser Welt. Ich sage: „Eine Armee ist ein Armutszeugnis in der Weltgemeinschaft". Sie drückt in hohem Masse aus, dass wir noch immer nicht in der Lage sind Konflikte erwachsen zu lösen. Deshalb gilt es hier neue Wege zu suchen, um dieser u.a. enormen Geldverschwendung, Einhalt zu gebieten. Was wir letztlich brauchen, ist eine Lebenspolizei, welche die Ordnung in der Gemeinschaft aufrecht erhält.

—

Als Erstes muss ein Gremium her, das ein Weltstrategiepapier entwickelt, das von allen Ländern unterschrieben werden kann. Ein Papier auf dem steht, das und wie wir zukünftig besser miteinander umgehen wollen. Anders ausgedrückt: Das klare Ziel muss sein, sozialen Zündstoff radikal abzubauen.

Menschen die satt sind haben keinen Grund kriminelle Energien freizusetzen!

Und dann kann es eigentlich schon losgehen. Als erstes brauchen wir mehr Menschen, die es künftig verstehen unsere Welt allmählich ein bisschen besser zu gestalten. Deshalb muss als zweites das Schulsystem revolutioniert werden.

Die Zukunft dieser Welt sind unsere Kinder!

An dieser Stelle möchte ich klarmachen, dass ich nicht von Utopien rede, und ich sage es den Menschen, die behaupten werden: „Alles Spinnerei" knallhart ins Gesicht:

„Erst nachdenken, dann reden!"

Es ist klar, dass eine solche Änderung Zeit braucht, und das sich ein solches Ansinnen nicht von heut auf morgen umsetzen lässt. Aber jeder Bauer wird bestätigen, dass wenn der Same gesät ist, und man die Saat pflegt, diese bessere Früchte tragen wird. Es geht mir nicht darum, neue Ideologien zu schaffen wie, Kapitalismus, Kommunismus, Monarchien oder wie auch immer. Das alles ist engstirniges Schubladendenken. Die Vergangenheit hat auch bewiesen, dass das nicht funktioniert. Ich bin mehr für Versuch und Irrtum. Aber eines ist doch wohl klar: Einen Affen, der mit einem Stein versucht eine Kokosnuss zu öffnen belächeln wir, weil wir wissen, dass es bessere Werkzeuge gibt. Also brauchen wir doch nur unsere beste Werkzeugsammlung unseren Kindern zu erklären, damit sie diese besser nutzen, als wir Alten es vermocht haben. So werden sie uns einmal belächeln können.

In diesem Sinne will ich die Welt sehen.
In diesem Sinne will ich leben.
Eine solche Welt fänd ich gut.

Abspann

Geboren, um zu sterben und dennoch ... Das Licht in dieser Welt erblicken, die Schönheit unserer Natur entdecken, mit lebensfrohen Menschen Freud und Leid des Lebens teilen und mit einem lachenden und einem weinenden Auge ins Unbekannte scheiden.

Mein Buch ist ein Plädoyer für die Kinder dieser Welt. Ein Plädoyer für die Armen, für alle Unterdrückten und Hilflosen.

Es ist eine Ermahnung an die Mächtigen und Wissenden unsere Welt in eine bessere Zukunft zu führen!

Wir haben nur diese!

... und keiner soll vor den Schöpfer treten und sagen kön-nen: „Das alles habe ich ja nicht gewusst!"

Schluss mit dem Kindergarten!

Als Autor dieses Buches habe ich versucht, die Dinge des Lebens einfach und klar darzustellen. Ich hoffe, damit dem einen oder anderen Anregungen gegeben zu haben, unsere Welt mit anderen Augen zu sehen, für den nie endenden Reifungsprozess. Ich jedenfalls wünsche ihnen, Glück und Frieden auf ihrem Weg, auch wenn es das eine oder andere Mal Streit zu durchleben gilt. Und wer es wagt, kämpft für eine bessere und vor allem schmerzfreie Zukunft. Zufriede-ne Menschen sind kein Keim für sozialen Zündstoff.

Das „ICH" ist stark – das „WIR" ist stärker!

Der Widerspruch des Lebens

Atome im Nichts

Formierte Moleküle

Zellen

Planvolle Vermehrung

Erfüllung des Geistes

Seele

Leben

Alter

Reifer Geist

Furchen

Der Zerfall

Atome im Nichts?

www.ingramcontent.com/pod-product-compliance
Lightning Source LLC
Chambersburg PA
CBHW051818250726
48659CB00005B/1551